U0645018

不如

READING

不 如 讀 書

经典·关汉卿·戏曲

王德威——总召集　柯庆明——总策划　陈芳英——编著

人民东方出版传媒
People's Oriental Publishing & Media
东方出版社
The Oriental Press

图书在版编目（CIP）数据

经典·关汉卿·戏曲/陈芳英 编著．—北京：东方出版社，2022.4
（人与经典/王德威总召集，柯庆明总策划）
ISBN 978-7-5207-2280-3

Ⅰ．①经…　Ⅱ．①陈…　Ⅲ．①关汉卿（?-1279）—人物研究　②关汉卿
（?-1279）—古代戏曲—戏剧文学评论　Ⅳ．① K825.6　② I207.37

中国版本图书馆 CIP 数据核字（2020）第 132691 号

　　本著作简体字版通过四川一览文化传播广告有限公司代理，由
原著作者正式授权，同意经由城邦文化事业股份有限公司—麦田出
版事业部授权出版中文简体字版本。非经书面同意，不得以任何方
式及形式重制、转载。

经典·关汉卿·戏曲

- -

编　　著：陈芳英
责任编辑：王夕月　郑佳雨
出　　版：东方出版社
发　　行：人民东方出版传媒有限公司
地　　址：北京市西城区北三环中路 6 号
邮　　编：100120
印　　刷：北京联兴盛业印刷股份有限公司
版　　次：2022 年 4 月第 1 版
印　　次：2022 年 4 月第 1 次印刷
开　　本：880 毫米 ×1230 毫米　1/16
印　　张：7.25
字　　数：163 千字
书　　号：ISBN 978-7-5207-2280-3
定　　价：58.00 元
发行电话：（010）85924663　85924644　85924641

- -

版权所有，违者必究
如有印装质量问题，我社负责调换，请拨打电话：（010）85924602　85924603

『人与经典』总序

王德威

　　"人与经典"是麦田出版公司于创业二十周年之际所推出的一项人文出版计划。这项计划介绍广义的中国经典作品,以期唤起新一世代读者接触人文世界的兴趣。取材的方向主要来自文学、历史、思想方面,介绍的方法则是以浅近的叙述、解析为主,并辅以精华篇章导读。类似的出版形式过去也许已有先例,但"人与经典"强调以下三项特色:

　　·我们不只介绍经典,更强调"人"作为思考、建构,以及阅读、反思经典的关键因素。因为有了"人"的介入,才能激发经典丰富多元的活力。

　　·我们不仅介绍约定俗成的经典,同时也试图将经典的版图扩大到近现代的重要作品。以此，我们强调经典承先启后、日新又新的意义。

· 我们更将"人"与"经典"交汇的现场定位在当代中国的台湾。我们的撰稿人都与台湾渊源深厚，也都对台湾的人文未来有共同的信念。

经典意味着文明精粹的呈现，具有强烈传承价值，甚至不乏"原道""宗经"的神圣暗示。现代社会以告别传统为出发点，但是经典的影响依然不绝如缕。此无他，在时间的长河里我们毕竟不能，也没有必要忽视智慧的积累，切割古今的关联。

但是经典岂真是一成不变、"万古流芳"的铁板一块？我们记得陶渊明、杜甫的诗才并不能见重于当时，他们的盛名都来自身后多年或多个世纪。元代的杂剧和明清的小说曾经被视为海淫海盗，成为经典只是近代的事。晚明顾炎武、黄宗羲的政治论述到了晚清才真正受到重视，而像连横、赖和的地位则与台湾的历史经验息息相关。至于像《诗经》的诠释从圣德教化到纯任自然，更说明就算是毋庸置疑的经典，它的意义也是与时俱变的。

谈论、学习经典因此不只是人云亦云而已。我们反而应该强调经典之所以能够可长可久，正因为其丰富的文本及语境每每成为辩论、诠释、批评的焦点，引起一代又一代的对话与反思。只有怀抱这样对形式与情境的自觉，我们才能体认所谓经典，包括了人文典律的转换，文化场域的变迁，政治信念、道德信条、审美技巧的取舍，还有更重要的，认识论上对知识和权力、真理和虚构的持续思考辩难。

以批判"东方学"（Orientalism）知名的批评家爱德华·萨义德（Edward Said，1935—2003）一生不为任何主义或意识形态背书，他唯一不断思考的"主义"是人文主义。对萨义德而言，人文之为"主义"恰恰在于它的不能完成性和不断尝试性。以这样的姿态来看待文明传承，萨义德指出经典的可贵不在于放诸四海而皆准的标杆价值，而在于经典入世的、以人为本的、日新又新的巨大能量。

萨义德的对话对象是基督教和伊斯兰教文明，两者各有其神圣不可侵犯的宗教基础。相形之下，中国的人文精神，不论儒道根源，反而显得顺理成章得多。我们的经典早早就发出对"人之所以为人"的大哉问。屈原徘徊江边的浩叹，王羲之兰亭欢聚中的警醒，李清照乱离之际的感伤，张岱国破家亡后的追悔，鲁迅礼教吃人的控诉，千百年来的声音回荡在我们四周，不断显示人面对不同境遇——生与死、信仰与背离、承担与隐逸、大我与小我、爱欲与超越……的选择和无从选择。

另一方面，学者早已指出"文"的传统语源极其丰富，可以指文饰符号、文章学问、文化气质，或是文明传承。"文学"一词在汉代已经出现，历经演变，对知识论、世界观、伦理学、修辞学和审美品味等各个层次都有所触及，比起来，现代"纯文学"的定义反而显得谨小慎微了。

从《诗经》《楚辞》到《左传》《史记》，从《桃花源记》到《病梅馆记》，从李白到曹雪芹，将近三千年的传统虽然只能点到为止，但已经在在显示古典历久弥新的道理。《诗经》

质朴的世界仿佛天长地久,《世说新语》里的人物到了今天也算够"酷",《红楼梦》的款款深情仍然让我们悠然神往,而荀子的《劝学》、顾炎武的《廉耻》、郑用锡的《劝和论》与我们目前的社会、政治岂不有惊人关联性?

"郁郁乎文哉":人文最终的目的不仅是审美想象或是启蒙革命,也可以是"兴、观、群、怨",或"心斋""坐忘",或"多识草木鸟兽之名",以至"观乎人文,以化成天下"。人与文是我们生活或生命的一部分。传统理想的文人应该是文质彬彬,然后君子。转换成今天的语境,或许该说文学能培养我们如何在社会里做个通情达理、进退有节的知识人。

"人与经典"系列从构思、选题到邀稿,主要得力于柯庆明教授的大力支持。柯教授是台湾人文学界的标杆性人物,不仅治学严谨,对台湾人文教育的关注尤其令人敬佩。此一系列由柯教授担任总策划,是麦田出版公司最大的荣幸。参与写作的专家学者,都是台湾学界的一流人选。他们不仅为所选择书写的经典做出最新诠释,他们本身的学养也是台湾多年来人文教育成果的最佳见证。

王德威,美国哈佛大学 Edward C. Henderson 讲座教授一乡之善士，斯友一乡之善士。一国之善士，斯友一国之善士。天下之善士，斯友天下之善士。以友天下之善士为未足，又尚论古之人。颂其诗，读其书，不知其人，可乎？是以论其世也。是尚友也。

上述孟子谓万章（万章是孟子喜爱的高足）的一段话，或许最能诠释孔子所谓"无友不如己者"之义，因为这里的"如"或"不如"，就孔子而言是从"主忠信"一点立论，而就孟子而言，则从其秉性或作为是否足称"善士"，而更作"一乡""一国""天下"之区别，以见其心量与贡献之大小，充分反映的就是一种"同明相照，同气相求"的渴望。这种不谋其利而仅出于"善善同其清"的道义相感，或许就是所谓"交友"最根本的意义：灵魂寻求他们相感相应的伴侣，"知己"因而是个无限温馨而珍贵的词语。

但是"善士"们，不论是"一乡"、"一国"或"天下"之层级，在这高度繁复流动的现代世界里，大家未必皆有机缘相识相交而相友，于是"尚论古之人"的"尚友"就更加重要了。因为透过"颂其诗，读其书"，我们就可以发现精神相契相合的同伴；当我们更进一步"论其世"，不仅"听（阅）其言"，而进一步跨越时空、历史的距离，"观其行"时，我们就因"知其人"，而可以有"尚友"的事实与效应了。

我们因为这些"古之人"的存在，而不再觉得孤单。虽然我们或许只能像陶渊明一样，深感"黄（帝）唐（尧）莫逮"，未能及时生存于那光辉伟大的时代，而"慨独在余"，而深具时代错位的生不逢时之感；但也因此而无碍于他以"无怀氏之民"或"葛天氏之民"为一己的认同；在他以五柳先生为其寓托中，找到自己有异于俗流的生存方式与实现生命价值的途径。

虽然未必皆得像陶渊明或文天祥那么充满戏剧性；"风檐展书读"之际，时时发现足资崇仰共鸣的"典型在宿昔"，甚至生发"敢有歌吟动地哀"的悲悯同情，却是许多人共有的经验。这使我们不仅存在同代的人们之间，更同时生活在历代的圣贤豪杰、才子佳人，以至虽出以寓托而不改其精神真实的种种人物与人格之间，终究他们所形成的正是一种足以寄托与安顿我们生命的，特殊的"精神社会"。或许这也正是人文文化的真义。

当这些精神人格所寄寓的著作，能够达到卓超光辉，足以照耀群伦：个别而言，恍如屹立于海涛汹涌彼岸的灯塔；整体而言，犹若闪烁于无穷暗夜的漫天星斗，灿烂不尽——这正是我们不仅"尚友"古人，更是面对"经典"的经验写照。

在各大文明中，许多才士伟人心血凝聚，亦各有巨著，因而成其经典"；终至相沿承袭，而自成其文化"传统"，足以辉映古今，这自然皆是人类所当珍惜取法的瑰宝。至于中华文化的经典，一方面我们尊崇它们的作者，如刘勰《文心雕龙·征圣》所宣称的"作者曰圣，述者曰明；陶铸性情，功在上哲"；但是对于此类"上哲"的形成与"经典"的产生，历来的贤哲们，更多有一种"殷忧启圣"的深切认知。这种体认最清晰的表述，就贤哲人格的陶铸而言，首见于《孟子·告子》：

> 舜发于畎亩之中，傅说举于版筑之间，胶鬲举于鱼盐之中，管夷吾举于士，孙叔敖举于海，百里奚举于市。故天将降大任于斯人也，必先苦其心志，劳其筋骨，饿其体肤，空乏其身，行拂乱其所为，所以动心忍性，曾益其所不能。人恒过，然后能改。困于心，衡于虑，而后作。征于色，发于声，而后喻。入则无法家拂士，出则无敌国外患者，国恒亡。然后知生于忧患而死于安乐也。

这一段话，不仅指出众多贤哲的早岁困顿的岁月，其实正是为他们日后的大有作为，提供了经验知识的准备，更重要的是陶铸力堪大任的人格特质。一方面是人类的精神能力必须接受挫折和困顿的开发——"所以动心忍性，曾益其所不能"；另一方面则是处世谋事要恰如其分，肇造成功，永远需要以"试误"的历程来达臻完善——"人恒过，然后能改"；创意的产生来自困难的挑战，也来自坚持解决的意志与内在反复检讨图谋的深思熟虑——"困于心，衡于虑，而后作"；而任何执行的成功，更是需要深入体察人心的动向，回应众人的企盼与要求——"征于色，发于声，而后喻"。简而言之，智慧自历练来，意志因自胜强，执业由克己行，成功在众志全——孟子所勾勒的其实是与人格养成不可分割的、一种另类的"个人的知识"（Personal Knowledge）。因此当他们将此类"个人的知识"，转成话语，形诸著述，反映的仍然寓含了他们"生于忧患"的经验，以及超拔于忧患之上的精神的强健与超越、通达的智慧。

对于中国"经典"的这种特质，最早做出了观察与描述的，或许是司马迁，他在《报任安书》中说：

古者，富贵而名摩灭，不可胜记，唯俶傥非常之人称焉。盖文王拘而演《周易》；仲尼厄而作《春秋》；屈原放逐，乃赋《离骚》；左丘失明，厥有《国语》；孙子膑脚，《兵法》修列；不韦迁蜀，世传《吕览》；韩非囚秦，《说难》《孤愤》；《诗》三百篇，大抵圣贤发愤之所为作也。此人皆意有郁结，不得通其道，故述往事，思来者。乃如左丘无目，孙子断足，终不可用，退而论书策，以舒其愤，思垂空文以自见。

司马迁在《史记·太史公自序》中亦做了类似的表述，只是文前强调了："夫《诗》《书》隐约者，欲遂其志之思也。"就上文的论列而言，首先这些"经典"的作者都是"倜傥非常之人"，足以承担或拘囚、或迁逐、或遭厄、或残废等的重大忧患，但皆仍不放弃他们的"欲遂其志之思"，而皆能"发愤"，以"退而论书策"、"思垂空文以自见"来从事著述。

其中的关键，固不仅在"不得通其道"之事与愿违的存在困境中，"意有郁结"而于"恨私心有所不尽，鄙陋没世，而文采不表于后世也"的存在焦虑下，欲"以舒其愤"之际，选择了"思垂空文以自见"的自我实现的方式；而更重要的，是他们皆能够跳出一己之成败毁誉，采"退而论书策"，以诉诸集体经验，反省传统智慧的方式，来"述往事，思来者"。就在这种跳脱个人得失，以继往开来为念之际，他们皆以其深刻而独特的存在体验，对传统的经验与累积的智慧，做了创造性转化的崭新诠释。于是个别的具体事例，不仅只是陈年旧事的记录，它们更进一步地彰显了某些普遍的理则，成为足以指引未来世代的智慧之表征，这正是一种"入道见志"的表现；这也正是"个人的知识"与"传统的智慧"的结合与交相辉映。

因而"经典"虽然创作于古代，所述的却不止是仅存陈迹的古人古事，若未能掌握其中"思来者"的写作真义，则好学的读者即使"载籍极博"，亦不过是一场场持续的"买椟还珠"之游戏而已。因而这种透过个人体验所做的创造性转化与诠释，不仅是一切"经典"所以产生与创造的真义；更是"经典"所以能够生生不息的与时俱新之契机；我们亦唯有以个人体验对其做创造性的转化与诠释，才能真正掌握这些"经典"中，"大抵圣贤发愤之所为作"的艰苦用心，而领会其高卓精神与广大视野，激荡而成我们一己意志之升华与心灵境界之开拓。这不仅是真正的"尚友"之义，亦是我们透过研读"经典"，而能导致文化传统与人文精神，得以永续的层层提升与光大发扬的关键。

　　基于上述理念，王德威教授和我，决定为麦田出版策划一套以中华文化为范畴的"人与经典"丛书，一方面选择经、史、子的文化"经典"；一方面挑选中国文学具代表性的辞、赋、诗、词、戏曲、小说，邀请当代阅历有得的专家，既精选精注其原文，亦就这些伟大作者的其人其事，做深入浅出的阐发，以期读者个别阅读则为"尚友"贤哲，综览则为体认文化"传统"；既足以丰富生命的内涵，亦能贞定精神上继开的位列，因而得以有方向、有意义地追求自我的实现。

于台湾大学澄思楼三〇八室

柯庆明，台湾大学名誉教授

陈芳英

关汉卿是元曲一代魁首，被推崇为"驱梨园领袖，总编修师首，捻杂剧班头"，其作品数量丰富、质量精彩，而且至今仍不断被改编演出；有关他的研究，更已自成一种论述（discourse），被称为"关学"。他一生创作剧本六十几种，现存十几种，并留存散曲小令五十七首，套数十三。最早记录元曲作家的《录鬼簿》[1]中，关于他的生平，却只有十一个字的介绍。本书希望渐次展开时代、作家、作品的绘卷，与关汉卿素面相见。

一般论及元代或关汉卿，总不免提到元代的黑暗，与关汉卿的反抗精神，本书则刻意避免类似的、稍嫌武断和偏狭的说法。

当然，元代是第一个由漠北民族统治全中国的朝代，规制法令的确有不公平的现象，但要说到历史上政治的黑暗、社会的不公，没有一个朝代没有，元代并不比其他朝代严重。本书讨论到相关问题时，只从问题入手，尽可能避免太过简单，或只针对"民族"单一观点的指责或论断。元代经济发达，提供了百姓生活一定程度的保障，并支持了演艺、娱乐事业的发展，成就了光芒熠耀的元代杂剧与散曲。至于经常被抨击的停止科举考试一事，也可从其他角度思考。蒙古族在马上得天下，任何动静都攸关死生，所以看重有一技之长的人，政府中用人，也自有其不同的晋用方法。中国的读书人，一向"学而优则仕"，把科举考试当作进身之阶，一旦科举停办，则惶惶

---

1 《录鬼簿》：元代钟嗣成著。《录鬼簿》收录一百五十二位名作家，四百多种作品名目。书中将作家分为七类：一、前辈已死名公，有乐府行于世者；二、方今名公；三、前辈已死名公才人，有所编传奇行于世者；四、方今已亡名公才人，余相知者，为之作传，以【凌波曲】吊之；五、已死才人不相知者；六、方今才人相知者，纪其姓名行实并所编；七、方今才人，闻名而不相知者。前一、二项多为散曲作家，关汉卿则被放在第三类。书中简要介绍了作家的生平、著述情况，是记述元代杂剧历史的重要文献资料。

不知所措。但从另一个视角看，不必局限于读书做官的历程，何尝不是大自在；他们必须重新思考、选择，面对另一种生活方式，也面对自己，寻找真正发挥所长的生命之路，元代许多文人加入书会，从事市井演艺文学，才让杂剧发展臻于高峰。

关汉卿也是书会才人，他从生活出发，自会指斥不公不义之事，却也欣喜温暖地塑造了许多明亮的人物和动人神魄的情节。他并不是义愤填膺的正义使者，而是深谙戏剧娱乐特质的专业剧作家。本书想呈现的，是身为戏剧家的关汉卿；讨论他的剧作时，除了主题内容、文词音乐之外，更希望从剧场演出的角度观察。就剧论剧的同时，本书也避免挪用西方悲剧或喜剧的类别规范，若偶有涉及，也只是讨论其写作策略，而绝非分类归属。

本书写作时，也尽量避免类似考证的写法，但关汉卿生平资料极少，又多错杂，研究者也说法歧出，尚无定论；叙述其生平里居及行迹时，还是必须交代考辨的缘由，虽已尽力降低行文间的考证痕迹，若仍不免琐碎，尚祈见谅。至于后人杜撰，难以征信的资料，即使状似瑰丽多奇，本书基于学术严谨的立场，就摈而不录了。

关汉卿是活泼的剧作家，他以最自然白描的写作，留给我们灿烂夺目、精彩绝伦的作品。正式开启中国戏曲研究门径的王国维宣称："关汉卿一空倚傍，自铸伟词。而其言曲尽人情，字字本色，故当为元人第一。"请读者就此纵横书卷，亲炙关汉卿其人其书的本然面目。

全书分成三大部分。第一部分介绍关汉卿所处时代的社会文化状况、都市的繁华、市井娱乐，以及从现存资料中描绘的关汉卿面貌。第二及第三部分，则分别介绍散曲和杂剧的特质，并论述关汉卿在这两方面的成就。元曲包括散曲和杂剧，元代有些作家专写散曲，有些作家专写杂剧，多半的作家则同时涉足散曲、杂剧，关汉卿也是两者兼擅。因为和诗词、小说等文类相较，元曲是大家比较陌生的，是以书中在第二、三两个部分，各由几个进程书写。第二部分，（1）先介绍散曲的形式、风格等特质；（2）综合论述关汉卿散曲的题材内容与写作风格；（3）经典赏析。为了保持清楚的论述逻辑，特别将（2）综合评述，与（3）针对个别作品的分析评赏分开，希望可以达到眉目清楚，晓畅易读。第三部分，（1）对杂剧中几个基本用语正名释义；（2）整体介绍、论述关汉卿现存杂剧；（3）说明"关学"的发展；（4）经典赏析，选取关汉卿杂剧作品做全本或单折的注释及解析。最后附上读完本书，想再进一步了解关汉卿、散曲、杂剧，可以延伸阅读的书目。

书写过程中受益最大的，当然是笔者自己。借此机会，重读或新读大量的蒙古、元代资料、关汉卿作品和卷帙繁多的相关研究论述，是何等美好的生命经验。谨在此向关汉卿和这些书籍的所有作者，深致谢意。更希望读者喜欢作者珍重奉上的小书，进而喜爱关汉卿这位伟大的作家和他的作品。

同时，谢谢德威先生的主催和秀梅小姐的襄助。

目录

壹

在星群里也放光

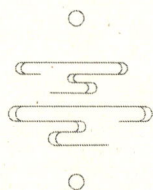

珠玑语唾自然流，金玉词源即便有，玲珑肺腑天生就。

风月情忒惯熟，姓名香四大神州。

驱梨园领袖，总编修师首，捻杂剧班头。

《关汉卿吊词》，贾仲明【凌波仙】

剧场只有在面对观众表演的时刻，才真正存在。戏剧的生命，原是这般短暂，一如倥偬的人生；可是，正因为它搬演着人生的悲欢离合，让观众深刻地品味人间幸福、忧伤、温婉和敦厚的情意，在震动之余，往往是情难以堪，低回不已。更由于剧作家借戏剧抒发理想，探讨生命价值，在瞬间即逝的演出里，揭示的却是永恒的生命情境。一出好戏恰如天上的一夜明月，桌前的一盏好茶，虽只供一时受用，却令人珍惜不尽，于是除了剧场即时的观赏之外，阅听者更反复研读、咀嚼剧本。

中国戏剧经先秦汉唐宋金的萌芽、发展，到了元代，成就了中国戏曲史上第一个黄金时期，一时剧作家辈出，如晴朗夜空群星灿烂，关汉卿正是其中最闪亮的明星，是元杂剧最早、作品最多、类别最丰富，也最精彩的作家，一生创作剧本六十几种，现存十几种，并留存散曲小令五十七首，套数十三。最早记录元曲作家的《录鬼簿》，关于他的生平，却只有十一个字的介绍。我们就此展开时代、作家、作品的绘卷，与关汉卿素面相见。

今日八荒同一宇

一、元代的政治社会概况

崛起于塞外沙漠之地的蒙古，自成吉思汗于公元 1206 年成立大蒙古国，到忽必烈于 1271 年建号大元，其间一面挥军西进，从中亚、西亚，直抵俄罗斯；一面则举兵南下，先攻下金朝黄河以北之地，之后相继灭掉西夏、金朝，并于 1279 年终结南宋，建立第一个由漠北民族统治全中国的朝代。

元代统一全国后，将人民分成四个等级：一为蒙古人，又称国人。二为色目人，包括西域各部族共三十余族，又称诸国人。三为汉人，即原受辽金统治的黄河流域的人。四为南人，即原受南宋统治的长江流域及其以南的人。这四个等级，规制严明，受到的保护、应尽的义务，如政治地位、赋税、法律约限都不相同，是极不平等的社会状态。如官制方面，《新元史·百官志》就载明："上自中书省，下逮郡县亲民之吏，必以蒙古人为之长，汉人、南人贰之。"中央甚至地方的首长，惯例由蒙古人担任，由色目人担任的很少，汉人、南人则只能担任副贰之职，甚至连较高级的副职也很难得到任命。律法方面，《刑法志》四规定"诸杀人者死，仍于家属征烧埋银五十两给苦主"，但若是蒙古诸王以私怨杀人，仅判处杖刑和流放，如果是"诸蒙古人因争及醉殴死汉人"，那就只有"断罚出征"和"全征烧埋银"。蒙古部落征战草原时期，被征服者就成为奴隶；他们以胜利者的姿态入主中土，虽不致将汉人、南人全都视为奴隶，却也并未与蒙古人、色目人一视同仁，平等对待。政治上如此，赋税上更难免横征暴敛，官府或贵族出现不少巧取豪夺、累积财富的行径。当然，他们并不热衷于学习汉人语言，可是审案断狱之时，官员和罪犯言语不通，必须靠兼擅蒙汉双语的文案令史，或衙役孔目来沟通，这批中介分子的善恶良莠，更直接影响元代的司法判决品质。这种种现象，既直接关系百姓的日常生活，也一再被写进反映生活的元人杂剧中。而公案剧[1]平反冤情的方式，往往不是依法律判定，而是以"智巧""智计"来完成，更凸显了法律原本就不是全民公平的，只好另觅他途，让民心得到慰安。

　　蒙古族在马上得天下，任何动静都攸关死生，所以除了

　　1　公案剧：为元杂剧的类别之一，主要讲述清官断案的故事，其中又可分为两种：一是权豪人物欺压无辜百姓，清官惩治豪强；二是恶人图财害命或为家庭、财产继承问题引起争执，清官为良善之人伸张正义。而剧中的清官大多是宋代的包公。代表作品有关汉卿的《鲁斋郎》《蝴蝶梦》，孟汉卿的《魔合罗》，无名氏的《盆儿鬼》《陈州粜米》等。

重武轻文，也重视各种实际有用的事，看重有一技之长的人，政府中用人，除了各种蒙古世袭的制度，可以由个别专长晋用[1]，对儒治汉法或已有僵化趋势和虚矫意味的科举与士人，都不在意。元代有七十八年不曾举行科举考试，即使停办前最后一次的元太宗窝阔台九年（1237年）选试，严格说来也不能算是科举，当时参加者除了儒生，还有僧、道，一次就录取四千零三十人，主要目的不是像以往各朝为国家拔举人才，而是救济流离失所、沦为奴籍的儒士，让他们日后能以"儒户"的身份，得到和僧、道一样豁免某些差役的特权。再次举行拔举人才的科举考试，则要到元仁宗延祐二年（1315年）了。

行路天地，就必须有所挂搭，传统读书人一向走的是"学而优则仕"的路子，把科举考试当作进身之阶，一旦科举停办，则惶惶不知所措。但从另一个角度看，不必局限于读书做官的历程，固然若有所失，却也何尝不是转机，不能再依循固定的轨迹，其实有更大的自由。他们必须重新思考、选择，面对另一种生活方式，也面对自己，主动出击，寻找可以活下去，以及真正发挥所长的生命之路，元代市井演艺文学，如杂剧发展的臻于高峰，与此密切相关。

1　元人进入公家机关服务，有宿卫、吏进、儒进等方式；政府又依各种专业，将汉人、南人编为十几种户籍，如军户、站（驿站）户、匠户、儒户、商贾户、医卜户、僧户、道户等等，让百姓根据专长，各安生理。

二、都市的繁华与市井娱乐

大元帝国因为版图幅员广阔，于是大量设置水路驿站，发行便于携带的纸钞，国内外贸易极为发达，都市也跟着繁盛起来，不只元代的首都大都，南方的扬州、杭州、泉州，都是财富和商人聚集与流通的所在。《马可·波罗行纪》记录了大都（汗八里）络绎不绝的商旅往来：

外国巨价异物及百物之输入此城者，世界诸城无能与比。盖各人自各地携物而至，或以献君王，或以献宫廷，或以供此广大之城市，或以献众多之男爵骑尉，或以供屯驻附近之大军。百物输入之众，有如川流之不息。……此汗八里大城之周围，约有城市二百，位置远近不等。每城皆有商人来此买卖质物，盖此城为商业繁盛之城也。[1]

经济充裕的都市，也支持了各种娱乐场所的发展，《马可·波罗行纪》同章指出：

尚应知者，凡卖笑妇女不居城内，皆居附郭。因附郭之中外国人甚众，所以此辈娼妓为数亦夥，计有二万有余，皆能以缠头自给，可以想见居民之众。

---

1 A. J. H. Charignon 著，冯承钧译，《马可·波罗行纪》第九十四章。台北：商务印书馆，2000 年。

当时主要的娱乐场所，即包括乐户歌伎聚集的青楼、说唱文学敷演故事的书场，和百戏杂陈的勾栏[1]。杂剧除在勾栏这类固定的商业剧场演出，也可在街市通衢或城镇宽敞热闹处演出，称为"打野呵"，也因此有各种"冲州撞府"巡回演出的路歧人。最早记录元代演员的《青楼集》所载，在少数城市活动的著名女演员就有一百一十七人，男演员三十五人，可以想见当时全部演员再加上歌伎等，数量应该相当庞大。元代的男女演艺人员和上中下三等妓女，都编列在特殊的户籍中，称为乐户或乐籍。乐籍中的人员统称"乐人"，必须定时及不定时到官厅集合，并参加迎送官员等仪式，且随时被召唤到官府或官员家中承应演出或陪酒吟唱。到官厅称为"上厅"，集合列队时，由色艺双全的妓女站在前列，称为"行首"，于是"行首"或"上厅行首"成为上等妓女的代称，也称"角妓"。奉命到官府承应演出，称为"唤官身"。遇到唤官身时，自己所属的勾栏即使有演出，也必须取消，以官府演出为第一优先，若有延误或表现失职，称为"失误官身"，会受到处罚。

市井文学相当兴盛的宋代，因应演出需要，出现了一批

1　勾栏：古书中常写成"勾阑"，原本是指栏杆，后来用以指称由栏杆围起的民间游艺演出场所。之后并可作为舞台或剧场的代称。

2　《青楼集》：元代夏庭芝著。《青楼集》大约成书于1355年，记述了一百一十多位歌伎、艺人在杂剧、院本、说话、诸宫调、舞蹈、器乐等方面的才能，以及与达官贵人、文人才士来往的事迹。是研究元代戏曲史及艺人生活的重要史料。

为勾栏瓦舍[1]编纂话本、戏曲、曲艺的作家，通称为"才人"，才人的集团，便称为"书会"[2]。书会到元代而益盛，就是因为在酒筵歌席上演唱的"散曲"和勾栏中搬演的"杂剧"，需求量大幅增多，为失去科举舞台的文人提供了大展身手才情，兼可谋生的机会，元曲也就从传统文人以诗词吟咏情性的个人世界，转向面对广大群众的多面向光谱。

元成宗元贞、大德年间，离元代统一中国已经二十多年，政局相对稳定，经济更趋繁荣，大都的频繁演出为书会才人的创作提供了很好的条件。这时，大都比较重要的书会有玉京书会和元贞书会，玉京即大都，关汉卿是玉京书会的重要成员，他和书会内外的朋友们，如白朴、杨显之、王和卿、梁进之、费君祥、赵公辅、岳伯川、赵子祥等，成为当时大都文艺创作的主力。元贞书会则有马致远、李时中、花李郎、红字李二等。书会才人既然是为勾栏瓦舍的演出写作，与演艺人员当然关系密切，如关汉卿等人和当时知名演员朱帘秀，或杨显之和顺时秀，都相当熟悉。而才人和演员一方面会一起合作，像与马致远合写过《黄粱梦》的花李郎、红字李二就是当时杰出的演员，有时书会才人也粉墨登场，参与演出；而书会才人和在第一线演出的歌伎间，也不乏各种风流韵事。

1　瓦舍：宋元时期城市中商业游艺演出集中的地区，又称瓦市、瓦肆，或瓦子。每个瓦舍则有数量不等的勾栏。

2　书会：书会原本是读书的场所，到了南宋就演变为编写话本、戏曲、曲艺之处，成员有先生、才人、名公、老郎之分，这些不同称谓都是伎艺人对编纂者的专称。

关汉卿其人：郎君领袖，浪子班头

　　关汉卿是元曲一代魁首，被推崇为"驱梨园领袖，总编修师首，捻杂剧班头"[1]。他在题名为《不伏老》，叙述自己生平行径的南吕套曲[2]中，就说：

　　我是个普天下郎君领袖，盖世界浪子班头。

　　郎君，指的是公子哥儿、浮浪子弟，和第二句的"浪子"是同义词，而班头也就是领袖的意思。他说自己擅长——

　　分茶撷竹，打马藏阄，通五音六律滑熟。

　　1　元代钟嗣成《录鬼簿》所录贾仲明【凌波仙】吊词。
　　2　南吕套曲："南吕"为乐律名。古乐分十二律，阴阳各六律，南吕为阴六之一，风格感叹伤悲。由同一宫调的若干曲子组成的，即称为"套数"或"套曲"。

　　宋元称食物为"茶食"，食店（餐厅）为"分茶店"，这里的分茶，指的是烹调食物。攧竹是指在酒席上行酒令。打马则是一种游戏，以铜或象牙做成铜钱大小，共五十四枚，刻上各种良马的名称，以骰子掷打来分胜负。藏阄又称"藏钩"，属于古代的猜拳游戏之一，玩法是在酒席上以手握着一些东西，如松子之类，来猜数量多少；有时也借用诗词比喻，来猜手中握的是什么。五音六律在此泛称音乐，是说自己精通音乐。本句活脱脱是浪子生活艺术家的样貌。至于他的生活，则：

　　我玩的是梁园月，饮的是东京酒；赏的是洛阳花，攀的是章台柳。我也会围棋、会蹴鞠、会打围、会插科、会歌舞、会吹弹、会咽作、会吟诗、会双陆。

　　梁园是古代名园，在此和下文东京[1]、洛阳，都只是借用，而不是确指其地，是说自己游名园、饮名都之酒，赏名花；章台柳则是指歌伎[2]。围棋、蹴鞠、打围、双陆[3]，都是当时流行

　　1　汉、隋、唐都以洛阳为东京，宋以汴梁为东京，元代则以辽阳为东京，在此只是借为"名都"之义。
　　2　延伸阅读，请参阅唐代许尧佐《章台柳传》。
　　3　围棋，目前仍然流行，以黑子一百八十一枚、白子一百八十枚，在纵横各十九道线的棋枰上对弈的双人比赛。蹴鞠是宋元流行的踢球比赛，和今天的足球非常类似，目前日本的传统活动还保有蹴鞠，每年过年，京都下鸭神社还会有"蹴鞠始"的迎接新年仪式。打围，是设围场来打猎。双陆是金元流行的棋戏。

的游戏活动。插科打诨通常并称，做一些滑稽的动作，说一些博人一笑的话语。吹弹是演奏乐器，咽作是歌唱。可以看出关汉卿多才多艺，风流偶傥、滑稽多智，热情洋溢而不拘礼法。他形容自己是：

> 我是个蒸不烂、煮不熟、搥不扁、炒不爆、响当当一粒铜豌豆。

然而，这样一位拥抱市井大众、庶民艺术，元代杂剧最早也最重要的作家，不但史书的《艺文志》《文苑传》不曾记载，其他文献记录也非常少。有关他的姓名、籍贯、生平，不但资料如凤毛麟角，而且说法不一，经过学者们数百年的爬梳研究，研究者还是诸多臆测，众说纷纭。虽然我们对现实生活中的关汉卿，只能从少数且错杂的资料中，勾勒他大致的面貌；但从当时社会文化环境，他与同时代人的交往，以及他大量的作品中，我们还是可以认识并理解身为作家的关汉卿。

有关他的姓名籍贯，大多数的研究者大致接受的是：

关汉卿，号已斋叟，大都人。

姓关，是唯一没有争议的，而且他的作品大多以女性人物为主角，至于少数以男性为主角的剧本中，包括描述关公的《关大王独赴单刀会》，想必是向同姓祖先关羽致敬吧。

　　至于"汉卿"是名或是字，则并不确定[1]，古人常以"字"来彼此称呼或记录，如同时代写《西厢记》的作家王实甫，本名"德信"，不过多半的人都习惯以他的字"实甫"相称。不论是名或字，作家"关汉卿"在当时或后代，都以这个称呼行于天下，而且等同于"杰出作家"的代称，成为大家向慕的对象。最早记录元代杂剧作家作品的元代钟嗣成《录鬼簿》，提到写过《魔合罗》杂剧的作家孟汉卿时，就说他和声名远播的前辈关汉卿"表字相同亦汉卿"。至于孟汉卿是仰慕关汉卿，所以取同样的"字"，还是全属偶合，虽然并不清楚，但时代稍后于关，擅写水浒杂剧的高文秀，就被称为"小汉卿"；而出身杭州的作家沈和，是南方曲坛的重要人物，因蒙元时北方人习惯称南方人"蛮子"，沈和就被昵称为"蛮子汉卿"，意思是"南方的关汉卿"。可见关汉卿果然是"姓名香四大神洲"[2]。

　　关汉卿的号"已斋叟"，也有部分书籍抄写或印成"乙斋"或"一斋"，究竟是他同时有几个号，或是因为声音相近，以致当时或后代记录时发生错误，也无法确知。

　　至于他的籍贯故里，有两个不同系列的说法，一是大都，一是解州。

　　1　记录关汉卿的较早文献中，元代钟嗣成《录鬼簿》只说"关汉卿"，没有说明是名或字，明代《永乐大典》《析津志》则记录"字汉卿"。1988年，张月中提出关汉卿名"灿"的说法，但论据仍有不足之处，无法成为定论。有兴趣可延伸阅读：张月中《关汉卿丛考》《关汉卿研究新论》和徐子方《关汉卿研究》。

　　2　元代钟嗣成《录鬼簿》所录贾仲明【凌波仙】吊词。

大都系列，又包括几种说法：《录鬼簿》和明代《尧山堂外纪》[1]都说是大都；明《析津志》[2]说是燕人，又说是蒲阴人；清乾隆《祁州志》[3]则说是祁州。根据考证，元代的大都就是现在的北京，辽时称为"析津府"，宋宣和五年改称"燕山府"，金天会元年，又恢复旧名，仍称"析津府"；所以燕山府、析津府，指的都是大都。至于祁州也就是蒲阴，元时是大都的属地，所以虽然有几种不同名称，其实都归属于"大都"，只是其间有广义和狭义的分别。

　　有关"解州"派的说法，则是元末明初学者朱右在《元史补遗》中记录的。经各家学者研究，提出了一些问题：关羽是河东（今山西）解州人，关汉卿对关羽是仅止于心理上的认同？或祖籍会不会和解州有关？而解州在元代归属于平阳路，是元杂剧的发祥地之一，身为早期杂剧作家的关汉卿，和解州是否有渊源？关汉卿现存的杂剧中，就有许多与山西相关的场景，在剧本已佚的现存剧目中，可判断与山西相关的也有十种以上，而从其作品中，也发现了解州特有的方言[4]。

　　关汉卿究竟是哪里人，在目前的研究中，还是难以确定。

　　1　《尧山堂外纪》：明代蒋一葵著。《尧山堂外纪》为纪传体通史，上自黄帝、下至明初，附录有秦代至元代的历史评价。
　　2　《析津志》：元代熊梦祥著。"析津"即是元大都（今北京市），书中对城池、坊巷、官署、庙宇、人物、风俗、学校等都有详细的记载，为当地最早的地方志。但原书已亡佚，后人只能从《永乐大典》中整理出遗文。
　　3　清乾隆二十年罗以桂纂修《祁州志》。
　　4　王雪樵《"为关汉卿祖籍河东说"援一例》，《戏曲研究》第八辑。

讨论关汉卿时，还有一个必须处理的问题，就是《录鬼簿》中提到他曾任"太医院尹"，但后代陆续发现的《录鬼簿》版本[1]，都作"太医院户"。事实上，金、元两代都没有太医院尹的官职，倒是有医户的存在。医户则是元代一种特殊户籍，属太医院管理，如果家中有人行医，编入医户，其子弟不管是否通医术，仍属医户，元代初期还可免除某些徭役或赋税。不过元太祖至元八年（1271 年）公布了新的政令，如果医户子弟不再学医，就转为和一般民户一样，不再减免杂差。有关关汉卿籍贯的各种说法中的祁州，从宋代以来就是大江以北各种药材的集散地，被称为"药都"，也许关家有长辈曾担任医士，或经办药材，曾被列为医户，不过关汉卿的作品中，不论剧曲或散曲，都不曾特别对医药一事多加着墨。

关汉卿的生卒年代，也无法确定，只能从他交游的朋友，和他自己的某些行迹中年代可以确定的，来推知他大致生于 13 世纪 20 年代后期或金代末期，卒于 13 世纪末或 14 世纪初。

关汉卿与玉京书会的活动，主要是在大都，他们会彼此讨论作品，交换看法，关汉卿的莫逆之交杨显之[2]，就因经常提出修改意见，被昵称为"杨补丁"。有一回，大都街市出现了一

---

1 天一阁藏书楼收藏的明代蓝格钞本、明代钞说集本和明代孟称舜刊《酹江集》附《录鬼簿》残本，都作"太医院户"，这些都是比较早和比较好的版本，应该比较可靠。

2 杨显之：大都（今北京）人，生卒年不详，约与关汉卿同期，两人为莫逆之交，在剧坛被尊为长辈。所作杂剧八种，题材取自现实生活和民间故事，风格与关汉卿相近，现存《郑孔目风雪酷寒亭》和《临江驿潇湘秋夜雨》两种。

只大蝴蝶，大伙儿都想作曲吟咏，而每每和关汉卿相互调笑的王和卿[1]快手写下【醉中天】一首：

弹破庄周梦，两翅架东风。三百座名园一采个空。难道风流种，唬杀寻芳的蜜蜂。轻轻地飞动，把卖花人搧过桥东。

因为成曲快，又贴切有趣，据说关汉卿索性罢笔不写了。

明代臧晋叔《元曲选·序》提到"关汉卿辈争挟长技自见，躬践排场，面傅粉墨，以为我家生活，偶倡优而不辞"，书会才人本就常有机会参加演出，也许关汉卿也曾亲自粉墨登场。

元灭南宋，统一中国后，关汉卿的足迹也南下到杭州、扬州等地。他到杭州时，就被"纵有丹青下不得笔"的景色感动，写下南吕套曲《杭州景》，也让我们明确地知道关汉卿的行迹。套曲第一支曲子【一枝花】开篇即曰：

普天下锦绣乡，寰海内风流地。大元朝新附国，亡宋家旧华夷。水秀山奇，一到处堪游戏。这答儿忒富贵，满城中绣幕风帘，一哄地人烟凑集。

接下来的曲词陆续描写了杭州风物，久惯北方景色的关汉

1　王和卿：大名（今属河北省）人，生卒年不详，为人滑稽佻达，常与关汉卿互相讥谑。作品有俗谣俚曲色彩，现存散曲小令二十一首，套曲一首，最著名的是小令【醉中天·咏大蝴蝶】。

卿，来到江南，想必也觉得一新耳目吧。《元刊杂剧三十种》是现存唯一的元代刊本杂剧选集，收录了四本关汉卿的作品，其中《关大王单刀赴会》题为"古杭新刊"。"新刊"可以是"全新刊行"，也可以是"重新刊行"，所以虽然不能像有些学者推测的，该剧在杭州完成，但至少代表关汉卿的剧本已流传到南方，并曾在杭州刊行，关汉卿在杭州时，和当地的戏曲界间，可以推测是有往来的。

关汉卿到扬州，则留下著名的南吕套曲《赠珠帘秀》。

珠帘秀，本姓朱，排行第四，"珠帘秀"是她的艺名。她是元代极为重要的女演员，兼擅演出男性角色的"末"，和女性角色的"旦"，能扮演各种人物，元代的一些书籍记录，都称她"姿容姝丽""杂剧当今独步"[1]。她和当时的名公、文人，如胡祇遹（紫山）、王恽（秋涧）、卢挚（疏斋）、冯子振（海粟）、关汉卿都有往来，也彼此有诗赠答，她不仅能赋诗，会写散曲，还出过诗集。王恽的诗中称他为"洛姝"[2]，即洛阳女子，所以有人推断她可能原籍洛阳；她在剧坛享盛名是在扬

1　如夏庭芝《青楼集》说她"杂剧为当今独步，驾头、花旦、软末泥等，悉造奇妙"。陶宗仪《辍耕录》说她"姿容殊丽，杂剧当今独步"。胡祇遹《紫山大全集》有多篇文章谈到她的姿容和技艺，当时也有许多诗作和散曲论及她的容色和精湛技艺。她的徒弟如燕山秀、赛帘秀，也是当时杂剧演员的佼佼者。

2　王恽《题珠帘秀序后》："七窍生香咏洛姝。"《秋涧先生大全文集》卷二十一。

州，和上述诸人交往也在扬州[1]，王恽《赠珠帘秀》【浣溪沙】说她"烟花南部旧知名"，关汉卿《赠珠帘秀》南吕套曲也说"十里扬州风物妍，出落着神仙"。

关汉卿最有名的剧本《窦娥冤》，是以扬州为背景来写作的，因关汉卿的剧本通常以所到地区为剧本发生地点，且结合当地人物、事件，许多学者都认为本剧是关汉卿晚年在扬州完成的，即使不是写于扬州，该剧和扬州仍然关系密切，并可根据史实资料，推定其写作年代。剧中提到窦天章担任肃政廉访使到扬州复审案件，而元代提刑按察使改为肃政廉访使的时间是至元二十八年（1291年），江北淮东肃政廉访司由淮安迁往扬州的时间则是至元二十九年（1292年），所以本剧的写作，一定在此之后。而学者考证出元成宗大德元年到三年（1297—1299年）之间，扬州、淮安确曾发生旱灾[2]，若与剧中"亢旱三年"联结起来，写作时间可能在1299年之后了。不过，根据《录鬼簿》的内容，和《录鬼簿》将关汉卿列为"前辈已死名公才人"，该剧完成的时间也不至于太晚，推测在1300年前后。

因为关汉卿的资料实在太少，阅听者总觉得有些缺憾，后人称关汉卿"生而倜傥，博学能文，滑稽多智，蕴藉风流，为

1　如，至元二十六年冬到二十七年春（1289—1290年），胡祗遹出任江南浙西道提刑按察使，王恽出任福建闽海道提刑按察使，二人同行，经过扬州，得识珠帘秀。

2　徐沁君《〈窦娥冤〉三考》，《关汉卿研究精华》。石家庄：花山文艺出版社，1990年。

一时之冠"，而关汉卿和珠帘秀的相识，又似乎可以大做文章，于是 1958 年田汉创作剧本《关汉卿》时，安排了关、珠二人在大都相知相惜，且因创作和演出《窦娥冤》受到迫害，并联袂南下，这当然是虚构的情节。《关汉卿》除了话剧演出，又被改成粤剧、昆剧等戏曲演出，一时间影响甚大。谢美生《悠悠写戏情：关汉卿传》，更以小说笔法，根据田汉作品，进一步采取"关灿"的身份，设定关汉卿和珠帘秀是青梅竹马，因时代环境所迫，几度离合，同时挪用关汉卿的剧本，重新架构了一个关汉卿生平，阅读时，当然必须先分辨小说的虚构与想象，以免误以为真，那就更添迷雾了。

一代有一代之文学，而每个时代的代表文学，品类、形式、内容、风格，也都面貌各异，唐诗、宋词、元曲可谓鼎足而三。元曲又可分散曲和杂剧，元代有些作家专写散曲，有些作家专写杂剧，多半的作家则同时涉足散曲、杂剧，关汉卿也是两者兼擅，以下分别介绍散曲和杂剧的特质，并论述关汉卿在这两方面的成就。

贰

散曲

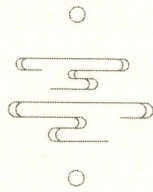

::::: 关于散曲

诗以齐言为主，不论四言诗、五言诗、六言诗、七言诗，总是字句整齐，两两相对，有如宽广的长安大道，沉稳凝重。词与曲，则经常由长短不一的句子组成，而且单式句（每句字数为单数）与双式句（每句字数为偶数）交杂，像线条流动的云墙飞檐，淹然百媚。各举一例如下：

众鸟高飞尽，孤云独去闲。相看两不厌，只有敬亭山。（李白，《独坐敬亭山》）

春庭月午，摇荡香醪光欲舞。步转回廊，半落梅花婉娩香。

轻烟薄雾，总是少年行乐处，不似秋光，只与离人照断肠。（苏轼，《减字木兰花》）

旧酒没，新醅泼，老瓦盆边笑呵呵。共山僧野叟闲吟和。

他出一对鸡，我出一个鹅，闲快活。（关汉卿，【南吕·四块玉】《闲适》四之二）

　　可以明显看出诗庄、词媚、曲活泼的不同情味。

　　词和曲都是配合乐器伴奏演唱的歌曲，每首词、曲都有固定的格式，称为词牌及曲牌，如例子中的《减字木兰花》、【四块玉】，规定了每首词、曲的句数、每句的字数、音乐、押韵和平仄。平仄是配合音乐旋律而定，通常乐音较高的地方会要求填平声字，较低的地方，要求填仄声字，以力求语言旋律和音乐旋律相互配合。每首词或曲，也有各自的音乐"声情"，有的活泼、有的欢快、有的哀伤，因此选择词牌或曲牌时，要考虑要写的内容是什么，注意文词的"词情"和音乐的"曲情"紧密联结，而避免发生以哀伤的曲调写及唱愉悦的内容，或以雄壮的曲调写及唱婉转缠绵的深情这种不合适的状况。

　　当然，词与曲也有许多不同的地方。学者郑骞曾经形容，词和曲的内容风格，都比较缺少庄严厚重雄峻，"他们都只能做少爷而不能作老爷。所不同者：词是翩翩佳公子，曲则多少有点恶少气味"[1]。

　　诗与词，都讲究要温柔敦厚，措辞含蓄，写时强调集中、均衡、美化，避免粗率、重复，曲则反其道而行。像上举关汉卿【四块玉】的例子，就非常直白地将"笑呵呵""一对鸡""一个鹅"，这种诗词中不会出现的话语写出来。诗词中

　　1　郑骞《词曲的特质》，《景午丛编》。台北：中华书局，1972 年。

忌讳的重复，在曲中反而成了玩笑意味浓厚的特技表演。如，全篇的押韵只用同一个字：

春来时香雪梨花会，夏来时云锦荷花会，秋来时霜露黄花会，冬来时风月梅花会。春夏与秋冬，四时皆佳会。主人此意谁能会？（张养浩，【塞鸿秋】）

不但放进春夏秋冬，也会放进金木水火土，或镶进同样的字，如下例的"春"：

金钗影摇春燕斜，木杪生春叶。水塘春始波，火候春始热。土牛儿载将春到也。（贯云石，【清江引】）

也常有上一句最后一字和下一句第一个字相同的"顶真"用法：

断肠人寄断肠词，词写心间事，事到头来不由自。自寻思，思量往日真诚志，志诚是有，有情谁似？似俺那人儿？（无名氏，【小桃红】）

元曲活泼自在，佻达奔放，和以往诗和词的字字推敲，已经大不相同了。甚至，在固定的曲牌规格中，也可寻求突破。为使曲意更明朗，形式更变幻多姿，还可在不影响音乐腔格的情况下加上"衬字"。如【四块玉】最后三句的字数原本是三三三，关汉卿另一首【四块玉】写的是"日月长，天地阔，闲快活"，这是"正格"。但上举例子，他写成"他出一对鸡，我出一个鹅，闲快活"，其中"一对""一个"，就是衬字。另有一首则写成"贤的是他、愚的是我，争什么"，前两句的"的"，也是衬字。只要演唱时不影响音乐节奏，是可以插入一些字，特别是虚字的，这使元曲写作的变化跨度更大了，不论形式、内容、风格，都开创了有别于诗词的美感经验范畴。

散曲分为小令和散套两大类。单独的一支曲子，通常称为"只曲"，因为篇幅短小，习称"小令"，前举【四块玉】【塞鸿秋】【清江引】【小桃红】皆是。如果一支曲子，没办法完全表达自己想写的内容，也可连用同一宫调、音律可以衔接的两支或三支曲子，成为约定俗成的用法，称为"带过曲"，如正宫【脱布衫】带【小梁州】，或南昌【骂玉郎】带【感皇恩】【采茶歌】，但最多止于三曲，再多，就索性写成散套了。小令曲不尽意时，就可把同一宫调中的若干曲子，以组曲的方式，结合成曲牌联套，称为"套曲"（或称"套数"），在散曲中称"散套"，在剧曲中称"剧套"。

曲既是配合乐器伴奏演唱，也就有一定的调高，称为"宫调"，大致相当于西方音乐的 A 大调、B 大调、C 大调等。中国宫调的形成和来源，也是众说纷纭，一般认为，是以六律六吕[1]和七音旋宫[2]而成。六律（黄钟、太簇、姑洗、蕤宾、夷则、无射）六吕（大吕、夹钟、仲吕、林钟、南吕、应钟）是古代审定音律高低的吹管名称，每个吹管长度不同，吹出来的音高也不一样。七音就是宫、商、角、变徵、徵、羽、变宫，相当于西方音乐的 Do、Re、Mi、Fa、Sol、La、Si。如果每个律管都可当作宫音来演奏，在理论上，十二（六律六吕）与七（七音）相乘可有八十四调，但一来在旋宫（相乘）的过程中，有些调高是重复的，再者，人的耳朵也无法辨析得那么敏锐清楚，到唐朝时，经常使用的只有二十八调，而元代常用的只有十七个宫调。每个曲牌归属不同宫调，每个宫调包含众多曲牌，如果把同一宫调或音律可相通的某些曲子组合成套，就成为比小令、带过曲篇幅长的套数，除了抒情写志，更宜于写景、叙事。

曲在音乐上又可分北曲、南曲，不过，关汉卿虽曾南下，他的作品不论散曲、剧曲，都是北曲。

元代散曲还有一项重要的殊异之处必须注意。元曲的写作，有一大部分是书会才人写给演员或歌伎在青楼、酒席筵前及剧场演唱的，这和早期的词相似，"舒纤纤之素手，递叶叶之花笺"，和当今的流行歌曲一样，遍及餐厅秀和歌舞秀，所以元人散曲，固然有许多是作者自己咏志书怀，和作者密切相

1　六律六吕：从低到高依次为：黄钟→大吕→太簇→夹钟→姑洗→仲吕→蕤宾→林钟→夷则→南吕→无射→应钟。十二律中，将奇数六律称为"阳律"，又称"六律"；偶数六律称为"阴律"，又称"六吕"。

2　旋宫：中国古代乐理术语，指宫音在十二律上的位置有所移动。

关；但有相当一大部分只是代人写作，提供作品供人演唱，特别是涉及男女情爱，或男作家以女子口吻写作的闺怨、闺思部分，读曲时必须考虑到，作者写作时固然有所感而发，但未必是作者自身的事情，不必也不宜对号入座，把所有内容都投射到作者身上。关汉卿是当时烟花路上极受欢迎的作家，他的作品想必是当时流行排行榜的巨擘，可能更要谨慎，未必要将每一首曲子或每句曲词，都刻意和他自身紧密联结。

关汉卿的散曲

关汉卿存留至今的散曲，大约是套曲十三、残套二、小令五十七，因有些作品很难确定是否关汉卿所作，所以各家学者意见不一，所认为的总数量也稍有增减。元代散曲名家贯云石在《〈阳春白雪〉序》中称关汉卿的散曲"造语妖娆，适如少美临杯，使人不忍对殢"，的确，比起关汉卿光芒万丈的戏曲作品，他的散曲以婉丽之笔写男女之情的分量较多，却也不乏豪辣灏烂的本色作品。依其作品内容，可分以下几个类别讨论。

一、描写自我

介绍关汉卿生平时，已提到他的南吕套曲《不伏老》，这是他写来最淋漓痛快的散曲，下文赏析部分，还会再度谈到。他除了以一气呵成的笔法，写了自己"一世里眠花卧柳"，"伴的是银筝女银台前理银筝笑倚银屏，伴的是玉天仙、携玉手、并玉肩、同登玉楼,伴的是金钗客、歌《金缕》、捧金樽、满泛金瓯"。也提到在人生路上曾碰到种种困境,"经笼罩、受索网",如今修炼成一只"苍翎毛老野鸡",即使受到"窝弓冷箭鑞枪头"的暗算,也绝不"落人后"。同样描述自己的大石调套曲《骋怀》,也是说自己"花月酒家楼,可追欢亦可悲秋"。即使遇到"慕新思旧,簪遗珮解,镜破钗分,蜂愁蝶羞。恶缘难救,痼疾常发,业贯将盈……"等挫折,也"混战无忧",不会落入他人奸险的圈套中,"展放征旗任谁走,庙算神谟必应口。一管笔在手,敢搦孙吴兵斗"。只要有笔在手,什么都敢挑战,他的执拗倔强,铿锵如金石的字句,就像他自称的"铜豌豆"。

二、描写市井女艺人

在这样玩府游州,"是个锦阵花营都帅头"时,关汉卿见过不少市井女艺人,这些人物除了出现在他的杂剧中,也在散曲中登场。他的《赠珠帘秀》南吕套曲,就巧妙地从"珠帘秀"的名字入手,以咏物的手法来写人,一开始以"轻裁虾万须,巧织珠千串。金钩光错落,绣带舞蹁跹"描摹珠帘绣带,"摇四壁翡翠浓阴,射万瓦琉璃色浅",色彩华丽,艳光四射,句句写物,也句句写人。除了名响剧坛的女演员,关汉卿还以越调套曲《女校尉》和《蹴鞠》写了民间表演蹴鞠的女子。前已提过,蹴鞠是宋元流行的运动,宋时就有专门研究、表演蹴鞠的社团"圆社",担任蹴鞠表演的女性技艺人称为"女校尉”。关汉卿曾强调自己会蹴鞠，而其曲中一再描述女校尉，元代“谢馆秦楼”“演习得踢打温柔，施逞得解数滑熟”的女性蹴鞠表演，想必是极受欢迎的节目。三人一队，两队竞技，除了“换步那[1]踪，趋前退后，侧脚傍行，垂肩亸袖”，还有“款侧金莲，微那玉体，唐裙轻荡，绣带斜飘，舞袖低垂”，关汉卿并仔细描写了比赛时的站位、脚法、花招以及女性的形体神情，除了运动争胜，又多了几分媚态娇姿。

三、男女情爱

关汉卿现存散曲中，数量最多的是男女情爱的主题，可能大部分是为当时青楼歌场传唱所作，内容极为丰富。有少女怀春、有两情相悦、有别离相思，更有大胆的风情调笑；写法更是多彩多姿，有的缠绵婉约，有的俏皮可爱，有的泼辣恣肆，不论哪种写法，在用语和情感的表达方式上，和诗词是大相径庭的。如：

自送别，心难舍，一点相思几时绝？凭阑袖拂杨花雪。溪又斜，山又遮，人去也。(【南吕·四块玉】《别情》)

虽然文词清丽，但文气流畅，尤其最后三句一泻而下，有万事皆休，无法挽回的哀伤。写离别后的相思，如：

1　所引“那”踪、微“那”，都与“挪”字通用。

子规啼，不如归，道是春归人未归。几日添憔悴，虚飘飘柳絮飞。一春鱼雁无消息，则见双燕斗衔泥。(【双调·大德歌】《春》)

俏冤家，在天涯，偏那里绿杨堪系马。困坐南窗下，数对清风想念他。

蛾眉淡了教谁画？瘦岩岩羞带石榴花。(【双调·大德歌】《夏》)

不只用语清新妍丽，也刻画了女子的心理和情态。更朴实白描的，还有写晚上与情人约会，情人迟到，不安等待后，蓦见情人出现：

我这里觅他，唤他，哎！女孩儿，果然道色胆天来大，怀儿里搂抱着俏冤家，揾香腮巧语低低话。(【双调·七弟兄】)

以及不见情人时的怀疑、埋怨，如：

他何处，共谁人携手，小阁银瓶瀹歌酒。早忘了呗，不记得，低低耨。(【仙吕·上京马】《闺怨》)

多情多绪小冤家，迤逗得人来憔悴煞，说来的话先瞒过咱。怎知他，一半儿真实一半儿假。(【仙吕·一半儿】《题

情》四之四）

都是字句明白显豁，意味留有余韵，直逼民歌，不愧是当时受欢迎的流行歌词。

有些学者将关汉卿推为反对元代社会或政治的代表人物，面对他的散曲，特别是相思闺情的曲子，往往不知所措，加上又将每一首曲子当成关汉卿的自我写照，于是或者不喜欢关的散曲，或者将关的散曲与剧曲截然二分，不免是阅听者把自己的期待硬加在作者的头上吧。若一定要说"反抗"，关汉卿直面人与人情感的本质，诚实地写出彼此的悦慕，又何尝不是直接戳破某些流于虚矫的"伪情"呢？关汉卿作品的特色之一，是保持内容与文字的本然面目，也就是本色，读者最好也不要有先入为主的臆测，而是胸无芥蒂，和关汉卿素面相见，才得亲近他的本然面目。

四、叙事

身为书会才人，为演唱者写作，除了抒情，也会填写说唱故事的曲子。这方面，关汉卿就留有以【仙吕·普天乐】十六首写的《崔张十六事》，讲述崔莺莺和张君瑞的故事。散曲抒情写景叙事时，除了单支的小令可以重复同一首曲子若干次，如《崔张十六事》的写法，也可以组合同一宫调的不同曲牌成为散套。如果讲述的故事太长，也可以配合故事情节的转折，多用几个宫调，这就是"诸宫调"，"诸"是复数的指称，"诸宫调"就是好几个宫调的意思。崔张的故事自唐代元稹完成《会真记》[1]以来，民间就喜闻乐道，改写成不同体裁形式来表演传述，宋代有赵令畤改成"鼓子词"[2]方式讲唱，金代则有董解元的《西厢记》诸宫调，元代更有王实甫的杂剧《西厢记》，虽然有人主张关汉卿曾经参与杂剧《西厢记》的说法，并未被完全接受，但关汉卿倒也没放过这个题材。除了崔莺莺和张君瑞，关汉卿也写了李亚仙和郑元和，以及苏卿、双渐和冯魁的三角恋爱，这些都是当时讲唱和戏剧中流行的恋爱题材，诸宫调和杂剧篇幅大，演出时间和规模都比较复杂，以散曲叙述，简明扼要，反而很适合在酒席筵前演唱。

五、时令景物

不论在某处居停久住，或四处旅游，时空的变迁从来就是作者迸发灵感的重要来源。关汉卿也有许多关于时令景物的作品。他歌咏时空环境，常是景中有情，情中有景，情境交融。如：

---

1 《会真记》：又名《莺莺传》，为唐朝诗人元稹所写的传奇。《会真记》的故事是写张生与崔莺莺在红娘的帮助下，相约在西厢约会，但最后崔莺莺被张生遗弃，两人各自嫁娶。

2 鼓子词：为宋代的说唱艺术之一，因以鼓伴奏而得名。最早是流行于民间的歌曲，后来引起文人士大夫的兴趣，开始创作相关作品。一开始的形式比较简单，由一个至三个同宫调的相同曲调组成，并反复多次。表演形式有只唱不说、唱中夹说两种，多半由一人主唱兼讲说，其他人作为歌伴合唱兼伴奏。

四时春富贵，万物酒风流。澄澄水如蓝，灼灼花如绣。（【正宫·白鹤子】四之一）

乍凉时候，西风透。碧梧脱叶，余暑才收。香生凤口，帘垂玉钩，小院深闲清昼。清幽，听声声蝉噪柳梢头。（【仙吕·六幺遍】《闺怨》）

雪粉华，舞梨花，再不见烟村四五家。密洒堪图画，看疏林噪晚鸦。黄芦掩映清江下，斜缆着钓鱼艖。（【双调·大德歌】六之五）

第一首写春日，悠闲雅丽，用字含敛，而水色澄和、百花争艳，俱在眼前，好一派天地有情、岁月静好的景象。次首写夏秋之间，流年暗中偷换，蝉声如飞瀑，静后反添清幽。第三首细雪纷纷扬扬，如风舞梨花，清江畔黄芦钓艖，堪图堪画。至于写景最著名的，当然是他到杭州时写的南吕套曲《杭州景》，如其中【梁州】一曲：

百十里街衢整齐，万余家楼阁参差，并无半答儿闲田地。松轩竹径，药圃花蹊，茶园稻陌，竹坞梅溪。一陀儿一句诗题，行一步扇面屏帏。西盐场便似一带琼瑶，吴山色千叠翡翠。兀良，望钱塘江万顷玻璃。更有清溪绿水，画船儿来往闲游戏。浙江亭紧相对，相对着险岭高峰长怪石，堪美堪题。

杭州在 1276 年被元兵攻下时，并没有太大破坏，保持了胜美的景物和繁华的市容，关汉卿充满赞叹欣喜地记录了当时的景物，宛如一幅天朗气清的绘卷。

六、隐居闲适

再如何浪荡风流，时光的流逝和催逼终究是无法逃脱的，《不伏老》也出现了"恰不道人到中年万事休"的字句，面对时移世换，关汉卿倾诉了跳出红尘，摆脱名缰利索，回到田园自然的向往。【双调·大德歌】六之五所述，正是他写这类曲子的心境：

吹一个，弹一个，唱新行大德歌。快活休张罗，想人生能几何？十分淡薄随缘过，得磨陀处且磨陀。

元成宗在 1297 年将年号从元贞改为大德，有人推论【大德歌】是大德年间新出的曲牌，也许关汉卿那时还活着并仍从事写作，也应该是关汉卿晚年；也有学者提出反驳意见，认为【大德歌】是道家的曲子，和年号无关。不过不论是晚年或道家曲，都代表这时的关汉卿已经不再兴致勃勃地眠花卧柳，张罗快活，争胜斗奇，而是转为"淡薄随缘"了。他写"闲适"的【四块玉】也可见一斑：

意马收，心猿锁，跳出红尘恶风波，槐阴午梦谁惊破？离了利名场，钻入安乐窝，闲快活！（【南吕·四块玉】《闲适》四之三）

适意行，安心坐，渴时饮饥时餐醉时歌，困来时就向莎茵卧。日月长，天地阔，闲快活！（【南吕·四块玉】《闲适》四之一）

行路天地，就不免有许多红尘的纷扰，如今将纷乱的心思收束，管什么"占排场风月功名首""锦阵花营都帅头"，都已经无所谓了，"渴时饮饥时餐醉时歌"才是"日月长，天地阔"最素朴的幸福。中国人归隐的象征符号——陶渊明，也几度出现在他这一类的曲子中。过了极为热闹的一生，关汉卿也领悟了"且休提，谁是非"，万缘放下：

乌兔相催，日月走东西。人生别离，白发故人稀。不停闲岁月疾，光阴似驹过隙。君莫痴，休争名利。幸有几杯，且不如花前醉。（【双调·碧玉箫】）

:::: 经典赏析

元代的散曲，是当时的流行歌曲，通常在演出场所或酒席筵前演唱，着重其"出乎口，入乎耳"，不论文词清丽婉媚或豪俊放犷，只要唱出来，必须让饱学之士和包括妇女儿童的庶民百姓都能一听就当下明白。关汉卿长期创作剧本，和演艺工作者非常熟悉，他的散曲也掌握了民间歌曲的特质，以自然为主，绝不刻意雕琢，而是让曲文的情感很自在地从心中汩汩流出。

一、小令

小令是个别的单曲，篇幅较为短小。本节选录八首，内容含括可能为歌场传唱而创作、以女子口吻描绘男女情怀三首，与女艺人间的调谑一首，写时令景色两首，以闲适为题两首。行文用语有的妩媚缠绵，有的调笑谑浪，有的清朗俊雅，有的放犷潇洒，呈现了关汉卿生活的不同样貌与作品的多样风格。

1.【南吕·四块玉】《别情》

自送别，心难舍，一点相思几时绝？凭阑[1]袖拂杨花雪。溪又斜，山又遮，人去也！

【赏析】

人生最苦是别离，死别固然不堪，生离也自难舍，思念的情绪像江水滔滔，无法断绝，而在此用问句"几时绝"。什么时候可以终止？似乎说这份想念是可以停歇的，只是时间问题，但其实就像"春花秋月何时了"，提问只是反衬一笔，更加强了其"不可能"的沉重与哀伤。这种时候，在屋里是坐不住的，靠着栏杆远眺，只见春日的柳絮如雪花般蒙蒙纷飞，随风飘落，拿袖子去拂，却怎么也拂不清，就像自己腮边的泪，心中的愁。放眼望去，想追索伊人行迹，目光由近及远，路随溪走，溪又弯弯曲曲，若隐若现，终于消失在群山之中，而人早已离去无踪了，真个是"平芜尽处是春山，行人更在春山外"。

这首小令蕴藉有味，却又和诗、词风格不同，有"曲"较为显豁的特质，尤其是最后三个三字句，节奏流畅，有上一句催着下一句的意味。溪山相阻，天地无情，感伤和绝望澎湃而下，再以助词"也"字作结，特别有一种无可挽回、万事皆休

1　凭阑：凭，靠；阑，栏，栏杆之意。指靠着栏杆。

的叹息。

2.【双调·沉醉东风】(五之一)

咫尺[1]的天南地北，霎时间月缺花飞。手执着饯行杯，眼阁[2]着别离泪。刚道得声"保重将息[3]"，痛煞煞教人舍不得。好去者望前程万里！

【赏析】

写曲时，是先决定宫调、曲牌，也就是音乐的格式，再依照曲牌格式填词，常常不再另定题目，听者直接根据曲文了解内容。本曲也没有特别的题名，是系列作品五首中的第一首。

关汉卿散曲中有许多男女情爱的主题，多半是为了提供当时青楼歌伎传唱所需，就像现在流行歌曲的作词者写给歌手演唱。这首曲子写的是饯别的场景。两人原本随时见面，感觉距离很近，心情也欢乐愉快，一如花好月圆。一旦远别，马上就像各自在天南地北，心情黯淡下来，仿佛月也缺了，花也落了。席间，一边拿着饯行的酒，一边泪汪汪的，才说了一声"要保重啊"，就心痛万分，只能祝福一路好走，前程万里。

本曲采用质朴白描的语句，唱出惜别的伤怀，也具体地描

1　咫尺：周代时，八寸称为咫，咫尺是指很近的距离，本句则是说原本近在眼前，一分别就各自天南地北，相距遥远。

2　阁：同"搁"。

3　将息：养息，调养身体。

绘了生动的景象。

3.【仙吕·一半儿】《题情》(四之二)

碧纱窗外静无人,跪在床前忙要亲。骂了个负心[1]回转身。虽是我话儿嗔[2],一半儿推辞一半儿肯。

【赏析】

这是写一对亲昵情人间的互动,系列四首的第二首,元曲的直白显露在这首曲子中表达无遗。罩着碧绿色窗纱的窗户外头,静悄悄的,似乎什么事都没有,室内却热烈得很,情侣正在约会。男子也许迟到了,也许彼此闹了小别扭,跪在床前,急着要亲女子。女子背过身去,骂声"小没良心的",似乎话说得重,但生气是假,等待男子是真,所以"一半儿推辞一半儿肯",虽然写来毫不遮饰,却是最真实最自然的情况。

【一半儿】这支曲牌很有意思,最后一句,是固定的格式,而且第一个一半儿后面要接两个平声字,第二个一半儿后面要接仄声字,最好是第三声,也就是"一半儿平平一半儿上"。如果写得好,会对全首曲子增添光彩,有画龙点睛的效果,所以不论初学写曲的新手,或经验丰富的老手,都会在最后一句特别用心,如"一半儿难当一半儿耍""一半儿真实一半儿假""一半儿昏迷一半儿醒",都是很成功的写作。

---

1 负心:在此等同于昧良心的,有点懊恼有点撒娇,亲昵的骂人的话。

2 嗔:生气。

4.【仙吕·醉扶归】《秃指甲》

十指如枯笋，和袖捧金樽。抹杀银筝[1]字不真，揉痒天生钝。纵有相思泪痕，索[2]把拳头揾[3]。

【赏析】

指甲原只是保护手指，但很多人会把指甲留长，或做上某些装饰。古时青楼中的女子，对她们的指甲更是在意得不得了，认为那是美的象征。

在觥筹交错、飞盏传杯的筵席上，或是浅斟低唱的小聚中，红衫翠袖的姑娘偎在身旁，露出雪白皓腕，春葱似的纤纤十指，端杯劝酒，不用喝，早就教人醺醺醉了。而现在，手指光秃秃的，像干枯的老笋，怎么样也撩不起一点娇媚之感，只好藏拙，就着宽大的袖子，捧起光彩夺目的酒杯。以闪亮的白银做装饰的古筝，当长长的指甲在弦上抹过，会发出铮铮琮琮的曲调，手是秃的，只能笨拙地拨弄着，连乐音都听不真切。如果身上什么地方痒了，想去揉擦，没有指甲，总觉得很迟钝，无法搔着痒处。更严重的是，想起远方的人，落下相思泪时，竟不能轻巧优雅地弹掉泪痕，而必须

1　抹杀：抹音 chōu，弹也。筝，乐器名。抹筝，即弹筝，须以指甲弹拨。杀，等于现代俗语"气死我了""这天气热死了"的"死"字。此句是说：弹筝时，再如何用力，即使把筝都给弹死了，音还是不清楚，因为秃指甲的缘故啊。

2　索：必须。

3　揾：揩拭。

拿整个拳头去擦拭了。

元曲本不避调谑，嬉笑怒骂皆成文章，关汉卿又被称为"生而倜傥，博学能文，滑稽多智，蕴藉风流"，他跟秃指甲的歌伎开玩笑，纯然是游戏文章。秃指甲是不美的，可是用清丽的词句说出来，别有一番况味，短短六句，把题目点出，有些恶搞，却又令人失笑。

5.【双调·大德歌】《秋》

风飘飘，雨潇潇，便做陈抟[1]睡不着。懊恼伤怀抱，扑簌簌泪点抛。秋蝉儿噪罢寒蛩儿[2]叫，淅零零细雨打芭蕉。

【赏析】

关汉卿以【大德歌】四首吟咏春夏秋冬，写秋天的这首特别由声音入手，而且用了许多形容声音的叠字，如飘飘、潇潇、扑簌簌、淅零零，借着秋声来衬托愁怀。

风雨声中，别说自己了，即使"睡仙"陈抟也睡不着吧，辗转反侧难以入眠，眼泪也就扑簌簌地纷纷落下。白天蝉鸣，晚上蟋蟀叫，根本不让人有片刻安宁，只好听着淅零零打在芭蕉叶上的细雨声，点滴到天明。

关汉卿不但善于写人、写情，写景也是高手，情景交融，天衣无缝。

1　陈抟：字图南，号希夷先生，五代宋初人。隐居华山修道，据说一睡就百余日才起来，人称"睡仙"。

2　寒蛩儿：蟋蟀。

6.【双调·大德歌】（六之五）

雪粉华[1]，舞梨花，再不见烟村四五家。密洒堪图画，看疏林噪晚鸦。黄芦掩映清江下，斜缆[2]着钓鱼艖[3]。

【赏析】

这是另一组六首的【大德歌】，第五首写的是冬景。前面【南吕·四块玉】《别情》，是以雪来形容杨花，这首则以梨花来形容雪。莹莹冬雪，像光彩熠耀粉白的花朵，随风飘动，一如满天梨花飞舞。雪下大了，原本冒着炊烟的四五户人家，都被雪掩盖，看不见了。在这样密密洒落的大雪中，景象绝美，值得描绘下来。而树叶落尽、疏疏落落的林子里，傍晚鸣叫的黑乎乎的乌鸦更是清晰可见。清澈的江流旁，已然变黄的芦苇在雪中低昂起伏、似隐还现，天气太冷了，人都躲进屋里，江边只闲闲地斜系着钓鱼的小船。

7.【南吕·四块玉】《闲适》（四之二）

旧酒没，新醅[4]泼，老瓦盆边笑呵呵。共山僧野叟闲吟

1　华："花"的古字，在此选用"华"字，一方面避开与下句梨花的花字重叠，一方面兼用其光华耀目之意。

2　缆：系船的绳子，这里借为动词，系、绑着。

3　艖：音 chā，小船。

4　新醅：醅原指没有过滤的酒，这里移作酒的泛称；新醅就是新酿的酒。

和[1]。他出一对鸡，我出一个鹅，闲快活。

8.【南吕·四块玉】《闲适》（四之四）

南亩耕，东山卧[2]，世态人情经历多，闲将往事思量过。贤的是他，愚的是我，争什么！

【赏析】

关汉卿写了题名《闲适》的四首【四块玉】连作，也许是他晚年的作品，有点看破红尘的意味，洒落逍遥，这里选录其中两首。

旧酒喝完了，就斟上新酿的酒，拿家里的老瓦盆当酒杯，大家都觉得酣畅痛快，开心地呵呵笑着。和山里的和尚、乡下的老头聚在一起，彼此唱和，也不怕没有下酒菜，有的出鸡，有的出鹅，都是乡间顺手可得的，真是快快活活，欢乐融融。

经过了各种繁华苍凉，看过了许多人情冷暖，如今回到乡下种田，过着隐居的生活。有时想起当年经历的种种，有些人聪明狡黠地费尽心机，汲汲营营，就由他去吧，我宁愿当个守拙的傻子，这没关系，没啥好计较啦。

经历了热闹复杂的人生后，对是非利害常常也就看淡了，回家安适地过日子才是最珍贵的幸福。就像禅诗说的，"春有百花秋有月，夏有凉风冬有雪，若无闲事挂心头，便是人间好

1　吟和：吟诗相和。
2　东山：在浙江上虞县，谢安曾在此隐居，这里只借用其隐居之义。

时节"。心无杂念，胸无挂碍，随处自在。

二、套数

把同一宫调的若干曲牌，集合成组曲，以便更淋漓尽致地抒情叙事，称为"套数"。本节选录两套，【仙吕】套曲《闺怨》是关汉卿身为书会才人，为传唱所写闺中女子思念远方情人的作品;【南吕】套曲《不伏老》，则是关汉卿回顾自己一生的写照，也是留存至今唯一的关汉卿自传性发言。

1.【仙吕】套曲《闺怨》

【翠裙腰】晓来雨过山横秀，野水涨汀洲。阑干倚遍空回首。下危楼[1]，一天风物暮伤秋。

【六幺遍】乍凉时候，西风透。碧梧脱叶，余暑才收。香生凤口[2]，帘垂玉钩，小院深闲清昼。清幽，听声声蝉噪柳梢头。

【寄生草】为甚忧，为甚愁？为萧郎[3]一去经今久。玉台宝鉴生尘垢[4]，绿窗冷落闲针绣。岂知人玉腕钏儿松，岂知人两叶

1　危楼：高楼。
2　凤口：形状像凤嘴的香炉。
3　萧郎：泛指女子所爱恋的男子。
4　宝鉴生尘垢："鉴"在此指镜子。情人出门甚久，自己无心打扮，连镜子也没擦拭，蒙上了尘埃。

眉儿皱！

【上京马】他何处，共谁人携手，小阁银瓶滞[1]歌酒。早忘了呪[2]，不记得，低低耨[3]。

【后庭花煞】掩袖暗含羞，开樽越酿愁[4]。闷把苔墙画[5]，慵将锦字修[6]。最风流，真真恩爱，等闲分付[7]等闲休。

【赏析】

这套曲子，是选取仙吕宫的五支曲牌组成的套数，内容描绘闺中女子思念远行、久不归来的情人。全套从写景入手，继而写情，其后不免胡思乱想，猜疑、埋怨，层层推进，情感逐渐累积，却也只能以叹息作结。

引曲【翠裙腰】先以闲笔写清晨雨后天晴，远山秀色横

---

1 滞：滞留，流连。

2 呪：俗写为"咒"，原是佛家的密语，在此指情人间的发誓赌咒，如发誓两情不渝，一如海枯石烂，若有背弃，则不得好死之类。

3 耨：男女亲爱相昵，意如前举关作【双调·七弟兄】句"揾香腮巧语低低话"。

4 开樽越酿愁：打开酒樽喝酒，以为可以借酒消愁，但"举杯消愁愁更愁"。因酒是"酿"出来的，在此故意用一"酿"字，加强愁绪像酒一样，慢慢发酵，越累积越多。

5 苔墙画：在久未清理、长满青苔的墙壁上画上痕迹，计算远行人离开的日数。

6 锦字修：晋代窦滔被贬谪到远方，妻子苏氏织锦为信，寄给窦滔，后代以"锦字"指称妻子寄给丈夫的信。修书，就是写信。"慵将锦字修"，指心情不好，连信都懒得写了。

7 分付：发送、传达。

空，洲渚边上的水位似乎也涨高了，好一派"远看山有色，近听水无声"的闲适景象。笔锋一转，原来早已在栏杆边站了好一会儿了，却没看到想看的（是什么呢？关汉卿在此先卖个关子，没说），只好枉然回头。原以为登高可以望远，但满天风物，无处不是让人伤情的秋日黄昏景象，还是从高楼上下来吧。

【六幺遍】接着写秋日风情，由景入境。西风愁起绿波间，天气开始变凉了，夏日残留的暑气逐渐消去，绿荫浓密的梧桐，碧叶霏霏飘落。闺房中，帘幕从玉钩上解下来，低低地垂挂，只有袅袅香烟从凤凰形状的香炉凤口缓缓喷出，飘荡在长昼的小庭深院，回漾着缕缕清寂。忽然一阵寒蝉的鸣叫在屋外的柳梢头响起，蝉声稍歇，更添佗寂幽远。

【寄生草】由境转情，点出主题。这样宁谧的日子里，究竟为什么忧，为什么愁呢？因为心爱的人离开许久都没回来啊，一言犹如惊雷乍起，关汉卿点出主题后，情感倾泻而出。女为悦己者容，心爱的人不在身旁，也就没心绪打扮了，化妆台上的镜子甚至久未擦拭，都蒙上了尘埃。而绿纱窗畔既没有彩线慵拈的人儿相伴，也不再做针黹刺绣了。挚爱的人自顾自地远游，哪里知道闺中的自己因思念而瘦到手腕上的玉钏松动，哪里知道往日言笑晏晏的自己，如今每天都紧皱着双眉！

【上京马】则由思念转为猜疑和埋怨，这正是恋人间的常情常理。出门这么久还不回来，是不是又有新欢了呢？现在是和谁素手相携，共诉情衷？在哪个地方的小阁中流连，和谁在共饮美酒、欢唱新曲？早就忘了和自己在一起时的发誓赌咒，海誓山盟，更忘记了当年彼此的相爱亲昵。

最后以【后庭花煞】作结。自己独自思念，掩袖垂泪也不是办法，那就打开酒樽，借酒消愁吧。可是，没办法啊，举杯消愁愁更愁，相思之情只会像酿酒似的越发酵越加�郁。真是心灰意冷哪。情怀冗冗地在久未清理、长满青苔的墙上画下痕迹，计算着情人远行的日数，百计无奈，真希望最好不相知，便可不相思，连信也懒得写了。难道最是风流的真恩真爱，竟是珍重当下，轻易付出却也轻易罢休，可堪成追忆的深情，竟然只道是寻常？

偶然相值，遂成爱侣，是否能够久长，本就难以逆料，如果是欢场歌楼，更加难说。不过江湖儿女，还是有真心的时刻，关汉卿本套写女子相思痴恋，缠绵旖旎，当其在画阁锦筵中传唱，歌者听者，难免想起某段幽幽的情爱，或真或假，不由迷离徜恍，目眩神醉了。

2.【南吕】套曲《不伏老》[1]

【一枝花】攀出墙朵朵花，折临路枝枝柳。花攀红蕊嫩，柳折翠条柔，浪子风流。凭着我折柳攀花手，直煞得花残柳败休。半生来折柳攀花，一世里眠花卧柳。

【梁州】我是个普天下郎君[2]领袖，盖世界浪子班头[3]。愿朱

1　不伏老：即不服老。
2　郎君：原指别人的子弟，元曲中通常指浮浪子弟或嫖客。
3　班头：就是上句领袖的意思。郎君领袖和浪子班头是同义词。

颜不改常依旧，花中消遣，酒内忘忧。分茶攧竹，打马藏阄；通五音六律¹滑熟，甚闲愁到我心头！伴的是银筝女、银台前、理银筝、笑倚银屏，伴的是玉天仙、携玉手、并玉肩、同登玉楼，伴的是金钗客、歌《金缕》²、捧金樽、满泛金瓯³。你道我老也，暂休。占排场风月功名首⁴，更玲珑又剔透。我是个锦阵花营都帅头⁵，曾玩府游州。

【隔尾】子弟每⁶是个茅草冈、沙土窝、初生的兔羔儿、乍向围场上走，我是个经笼罩、受索网、苍翎毛老野鸡、蹅踏的阵马儿熟。经了些窝弓冷箭镴枪头⁷，不曾落人后。恰不道"人到中年万事休"，我怎肯虚度了春秋。

【尾】我是个蒸不烂、煮不熟、捶不扁、炒不爆、响当当一粒铜豌豆，恁⁸子弟每、谁教你钻入他锄不断、斫不下、解

1　五音，五个音阶——宫商角徵羽，即 Do、Re、Mi、Sol、La。六律，概指六律六吕，是古代审定音律高低的标准。五音六律在此泛称音乐，是说自己精通音乐。

2　歌《金缕》：古代有《金缕衣》曲调，这里泛指唱曲。

3　瓯：酒杯。

4　风月：原指风花雪月四样美丽的事物，后来移作男女情色之事的代称，本句是指在风花雪月的情色场所中声名最为显著。

5　锦阵花营，也是指风月场所；都帅头，是第一号人物。

6　元曲中，常以"子弟"称呼出入风月场所的公子哥儿；每，即现代语言中的"们"。

7　窝弓，是猎人藏在草丛里的弓箭陷阱；冷箭，是突如其来发射的箭；窝弓冷箭是指意料之外的暗算、伤害。镴枪头，原指中看不中用，在此泛称"枪"，也是指别人的伤害。

8　恁：你，或你们。

不开、顿不脱、慢腾腾¹千层锦套头²。我玩的是梁园³月，饮的是东京⁴酒，赏的是洛阳花，攀的是章台柳⁵。我也会围棋、会蹴鞠、会打围⁶、会插科⁷、会歌舞、会吹弹⁸、会咽作⁹、会吟诗、会双陆¹⁰。你便是落了我牙、歪了我嘴、瘸了我腿、折了我手，天赐与我这几般儿歹症候¹¹，尚兀自不肯休。则除是阎王亲自唤，神鬼自来勾，三魂归地府，七魄丧冥幽，天哪，那其间才不向烟花路儿¹²上走！

【赏析】

这是由南吕宫四支曲牌组成的短套。这套曲子之所以脍炙人口，不只是写了关汉卿身为郎君领袖、浪子班头的某些生活面貌，也在于辞采的魅力。

---

1 慢腾腾：比喻以柔软的功夫缠人不休。
2 锦套头：套头是套在马上的笼头，锦套头比喻难以逃脱的美丽圈套。
3 梁园：古代名园，在此和下文的东京、洛阳，都只是借用，而不是确指其地，是说自己游名园、饮名都之酒，赏名花。
4 东京：汉、隋、唐都以洛阳为东京，宋以汴梁为东京，元代则以辽阳为东京，在此只是借为"名都"之义。
5 章台柳："章台"本是长安街名，唐许尧佐创作《章台柳传》后，"章台柳"成为歌伎的代称。
6 打围：设围场来打猎。
7 插科：插科打诨通常并称，做出滑稽的动作，说一些博人一笑的话语。
8 吹弹：演奏乐器。
9 咽作：歌唱。
10 双陆：金元流行的棋戏。
11 歹症候：坏毛病。
12 烟花路儿：青楼妓女聚居的地方。

【一枝花】中所谓的花、柳，都是指风月场中的妓女。曲文中不断重复花柳两字，是一种嵌字体文字游戏，密度浓稠地堆叠着花花柳柳、莺莺燕燕，一个个脂光粉腻、盛装打扮的女子在眼前来来去去，活色生香地描绘出作者寄情于诗酒声伎，游戏于烟花柳街，浪漫不拘的生活。

【梁州】是写既然号称天下第一的浮浪公子，就必须是有品位的浪子生活艺术家，除了和如花似玉的歌伎们做伴，饮酒忘忧，也要懂得美食，酒席之间还能行酒令、以骰子玩打马游戏、熟悉各种猜拳的花样，精通音乐。接下来作者用三句色彩秾艳的排句，呈现了靡丽的生活细节："伴的是银筝女、银台前、理银筝、笑倚银屏""伴的是玉天仙、携玉手、并玉肩、同登玉楼""伴的是金钗客、歌《金缕》、捧金樽、满泛金瓯"，分别以银、金、玉嵌入句中，像把各种颜色鲜艳的油彩都挤到画布上，故意让人喘不过气地塑造出太过缤纷热闹的场面。接着扣回这套曲子的题目"不伏老"，作者意气风发地说，竟然有人说我老了，别开玩笑了，自己可是穿州过府，哪儿没玩过？到每个地方的风月场所，都是聪明巧捷，什么场面都应付得来，声名显赫，是锦阵花营的大元帅哪。

【隔尾】则是嘲讽初到风月场所走动的年轻公子哥儿们。这些年轻人不过是刚从茅草岗、沙土窝生下来的小兔小羊，忽然跑到打猎的围场，非常危险。自己则是经过牢笼关闭、受过绳网束缚、毛羽已经黑亮的老野鸡，在打猎围场的阵马之中，可以熟练地行走，来去自在。即使经过种种明枪暗箭的袭击，可也从来没有赶不上别人的地方。俗话不是说吗，人到了中年对各种事情都会渐渐兴味索然，自己当然不能虚度光阴，让时间空过。曲中把风月场所当作打猎的围场，是金钱、情欲甚至人肉战场；初尝滋味的生手就像小兔小羊，而以修炼得毛羽黑亮的老野鸡形容历尽沧桑的熟客，既别致又生动。

【尾】曲写作者的多才多艺，及浪迹市井欢场的悍然无悔，笔法极尽浪漫夸张之能事。第一句"我是个蒸不烂、煮不熟、捶不扁、炒不爆、响当当一粒铜豌豆"，文字明白，活泼生动，示范了元曲本色白描的蒜酪风味，和关汉卿驾驭文字出神入化的本领。下面持续使用三字短句，以快速的节奏啪啪啪直泻而下，不断重复的句法，不断堆叠的内容，将能量累积到即将爆发的临界点。年轻子弟没有经验，所以落进"锄不断、斫不下、解不开、顿不脱、慢腾腾"的千层温柔陷阱中，可能落个床头金尽却什么也没得到的窘境。自己则潇洒自在，玩名园，喝名酒，赏名花。烟粉世界中的各种伎俩，无所不能、无所不会，也无一不精，包括：围棋、蹴鞠、打围、插科、歌舞、吹弹、歌唱、吟诗、双陆。如果流连花街柳巷是坏毛病，但积习已深，即使牙落、嘴歪、腿瘸、手折，都不肯罢休，恐怕要等到阎王来叫，神鬼来勾，生命结束，才有可能不再来到烟花路上。

本套以近乎漫画的夸张笔法，具体、表现力极强的各种形容，开诗词曲未有之境，叫人读了血脉偾张，可谓千古绝唱。

叁

杂剧

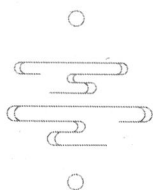

⠿ 杂剧剧本的面貌

中国戏剧发展到元代，正式成为"合歌舞以演故事"的形式，称为"元杂剧"。唱的曲文、说的道白，与元代称为"科"的身段动作，是戏曲演出时的三个重要艺术元素，写作剧本时，固然着重于曲文和道白，而舞台上的表演动作，主要由演员和负责排演的人员来商量决定，但剧作家也常会写下关于"科"，亦即身段动作的简单舞台指示。阅读剧本前，不妨先了解几个有关元杂剧的基本要项。

一、本

元杂剧的单位，习惯称为"本"。

二、折

每一本元杂剧则包括至少四个大的结构单位，每个结构单位称为"折"，一如西洋戏剧有幕，西方交响乐有乐章。每一折，包括同一宫调的若干曲牌组成的套曲，也称"剧套"，或"剧曲"；全折的曲文只押一个韵脚；所以四折共四套宫调，押四个韵，经常以起承转合的结构完成一个故事。每一折里，可以只是一个场景，也可以转换地点，而有两个或三个场景。现存元杂剧中也有极少数可能是后人修改的、超过四折的例外。演出时，折与折间，会插入各种杂耍表演，如翻跟斗、歌唱、傀儡戏等，一方面让观众变换口味，一方面也让主唱演员稍得休息。

三、楔子

楔子本来是木匠工作时，将小片的竹或木一端削成尖形，插入榫缝空隙中，作为联结之用。元杂剧里，则指的是四折之外较小的段落，有时放在剧本最前面，总起全剧；有时放在折与折间，类似后代的过场戏，在时空转换时联结两折的剧情。有的戏有楔子，有的戏没有楔子，依剧情需要决定。

元杂剧全本由一人主唱，不过在楔子里，其他角色也可以唱，唱时，通常只能唱【仙吕·赏花时】一支或两支。

四、曲、白、科

各折和楔子，都由曲文、道白、科泛组成。

曲文在剧本中，通常会标明"唱"，也就是唱词，是元杂剧最重要的组成因素。除了依曲牌正格填词，还可以加上衬字，让文义更明白、流畅，或让节奏更摇曳生姿。

白就是说话，又称"道白"，和曲文相比，属于较次要的部分，所以有时也称"宾白"。夹在唱词中，很快带过去的道白，又称"夹白"或"带白"。道白通常不押韵，称为"散白"。有些不以曲文演唱，但有朗诵风味也押韵的，称为"韵白"，包括上场诗、下场诗，以及"断词"（剧情告一段落时，由某位剧中人物——通常是官员角色，对全剧做一概述）。

科是表演动作，可以是简单的动作，如笑科、睡科；也可以是较长时间的片段动作，如相见科、混战科；有时还可标志各种音响效果，如内作风声科、内作雷声科等。

五、题目、正名

这是剧本最后的两句或四句对句，总括全剧的剧情大要，并以最后一句当作剧名。演出时通常不会念出来，而是作为演出前到处贴宣传花招子（海报）时使用。如：

《窦娥冤》
题目：秉鉴持衡廉访法
正名：感天动地窦娥冤
戏的总名就是《感天动地窦娥冤》，简名是《窦娥冤》。

《单刀会》

题目：孙仲谋独占江东地，请乔公言定三条计。

正名：鲁子敬设宴索荆州，关大王独赴单刀会。

戏的总名就是《关大王独赴单刀会》，简名是《单刀会》。

六、末本、旦本

元杂剧中，扮演男主角的角色，叫作"正末"；扮演女主角的角色，叫作"正旦"。一本戏里，只有一个角色可以唱，其他角色都只能说白。正末主唱的剧本，称为"末本"；正旦主唱的剧本，称为"旦本"。因为杂剧以曲文为主，戏份必然集中在演唱者身上，所以剧作家写作时，选择末本或旦本，等于选择了某一个叙事观点，比方在写爱情剧时，剧作家首先就必须决定，是要把主戏放在男主角身上或女主角身上。不过，不论末本或旦本，正末或正旦在同一本戏里，并不是只能扮演一位人物，譬如审案平冤的公案剧，如果选择旦本，古代没有女性为官的状况，所以女主角不可能担任官员，只能扮演受害苦主，主戏可能会集中在受害或冤屈过程，审案分量难免比较少。如果选择末本，那么正末可以在前面扮演遭遇冤案的男性苦主，在戏的后半，再扮演平反冤情的清官，这样可以使受害情节或审案过程，苦主和清官都有足够的表演分量。另外，如关汉卿《单刀会》是末本，正末在第一折扮演乔公，第二折扮演司马徽，第三、四折才演出关公，虽然改扮不同人物，仍合乎正末一人主唱的成规。

一人主唱的规则，在楔子或该折戏即将结束时所唱的套数外的玩笑性小曲，都容许例外。如《窦娥冤》是以窦娥为主角的旦本戏，楔子中她的父亲窦天章也可以唱；另外《望江亭中秋切鲙旦》第三折下场时，杨衙内、李稍、张千三人也合唱了【马鞍儿】单曲。当然，非正旦或正末演唱时，演唱的宫调、曲牌、支数或曲子的类别，都有一定限制。

▓▓ 关汉卿的杂剧

　　王国维在《宋元戏曲考》中说："关汉卿一空倚傍，自铸伟词，而其言曲尽人情，字字本色，故当为元人第一。"指的是关汉卿的杂剧，关的杂剧不论质与量，都是元人第一，已成公论。他所创作的杂剧作品，数量与名目极为繁多，历代书目的著录，或各家学者的考订研究，说法各异，不但数量不尽相同，名目也有互异之处，有些学者取之以宽，只要以往书中述及者，都一并收录；有些学者则考证较严，佐证不全或有疑虑者，就摈而不录。郑骞先生[1]曾根据通行本及明钞本《录鬼簿》《太和正音谱》等三种著录，参以《永乐大典》所录"杂剧目录"及臧晋叔《元曲选》、李玄玉《北词广正谱》等书，一一考证每个剧目，在其《关汉卿杂剧总目》一文中，考订关汉卿剧作为总数六十四种，现存全本十四种，仅存残曲三种。因其考证精审，最可信从，本书也以此为据，不过，也仍期待学界

1　郑骞《关汉卿杂剧总目》，《景午丛编》。

继续发掘以往未见的资料，对各种不同的说法提出辩证。

现存十四剧为：《闺怨佳人拜月亭》《诈妮子调风月》《钱大尹智宠谢天香》《赵盼儿风月救风尘》《包待制三勘蝴蝶梦》《杜蕊娘智赏金线池》《感天动地窦娥冤》《望江亭中秋切鲙旦》《钱大尹智勘绯衣梦》《邓夫人苦痛哭存孝》《状元堂陈母教子》《关张双赴西蜀梦》《关大王单刀会》《温太真玉镜台》。仅存残曲的是《唐明皇哭香囊》《风流孔目春衫记》《孟良盗骨》。现存十四本的后三种《西蜀梦》《单刀会》《玉镜台》是末本，其余都是旦本。

关汉卿的剧作中，常出现强烈的主张，指斥人间的不公不义，以至于 20 世纪 60 年代起，他突然被贴上富含"斗争性、反抗性、现实性、人民性"的标签，相关的论述一时掩袭论坛，多半集中在这些方面来讨论，甚至因《状元堂陈母教子》一剧，陈母鼓励儿子追求功名，有些人不论是非黑白，武断地主张该剧"思想平庸""不是关汉卿的作品"，挪用名家作品来为自己的主张背书，这些论点则未免过激了些。关汉卿熟悉当时剧坛，他的作品从生活出发，又是为剧场勾栏演出所作，剧中表达的固然有他个人的理想和见解，也与当时民众的祈愿相合，更不会忽略戏剧的娱乐意涵，所以他塑造了那么多的下层人物形象，构思了那么巧妙的情节结构，用那么浅白的文字写曲文，设计了那么有趣的插科打诨，剧中固然有攻击时政的高声疾呼，但更多的是温暖的人情、风趣幽默的情节和用语。戏曲之最上者，当然是"案头场上，两擅其美"，虽然元杂剧的剧场搬演全貌，如今已无法全然掌握，但阅读关汉卿剧作的最好方式，仍然是从其作为可供场上实际搬演的"剧本"本然面目入手。

从郑骞考定的现存十四本剧作来观察，可以看到题材内容的范围相当广泛，有妩媚的恋爱风情、仗义的侠妓、挚爱子女的母亲、贞烈受冤的妇女、情节曲折的公案和慷慨悲歌的英雄事迹，以下依类别介绍各剧内容特色，并缀论评于后。

爱情剧——风尘女子

关汉卿现存剧作以旦本居多，而他投身书会写作，又与锦阵花营的女子相当熟悉，对她们有一定的同情和理解，他笔下的妓女尤其神情饱满、风姿绰约，相关作品有：《赵盼儿风月救风尘》《钱大尹智宠谢天香》《杜蕊娘智赏金线池》。

一、《赵盼儿风月救风尘》

【剧情概要】

本剧的主角侠妓赵盼儿，是关汉卿作品中最为聪慧自信、世故佻达的女子，"风月救风尘"，是指赵盼儿利用妓院中追欢买笑的手段，来拯救沦落风尘的结拜妹妹宋引章。

汴梁城中的歌伎宋引章，厌倦欢场生活，希望早日嫁作人妇，在两名追求者——郑州官员的儿子周舍和穷秀才安秀实之中，选了周舍，虽然母亲、结拜姊姊赵盼儿力劝，也还是执迷不悟。

引章嫁到周家，以为可以过好日子，不意，一来周舍怕人笑话他娶了歌伎，二来引章不谙寻常人家的生活、家事，周舍恼羞成怒，开始家暴打人，引章不堪其苦，托人送信回家求救。盼儿得知，赶紧回信给引章，并打扮得花枝招展，带着羊酒红罗，到郑州找周舍。

赵盼儿见到周舍后，使出各种手段引诱周舍，表示愿意与周舍成亲，条件是要先休了宋引章。周舍怕盼儿日后反悔，自己两头落空，要盼儿发誓赌咒，盼儿照办。周舍果然写了休书休掉宋引章，之后盼儿表示羊酒红罗都是自备的，妓女发誓更做不得准。周舍回头去抢引章的休书，却抢到盼儿事先备好的假休书，一行人闹上官府。赵盼儿和随后赶到的安秀实一起向郑州太守李公弼申诉，说宋引章原是书生安秀实的妻子，周舍强占民妻，后又已写休书，"望恩官明鉴取"，李公弼判定安秀实夫妇团圆。

【赏析】

剧本中，原是宋引章自己选择了周舍，安秀实和宋引章也未结婚，但赵盼儿既借着自备的羊酒红罗和发假誓"混赖"许亲之事，又以谎言骗过李公弼，演出社会底层的书生、歌伎联手，击败借父亲权势欺人的花花公子，是大快人心的事，所以观众并不在意其间的是非，反而赞赏盼儿的智巧，当然也因为关汉卿把盼儿的形象塑造得充满光亮，让观众不由得完全信服。

戏一开始，关汉卿就指出妓女的婚姻困境，宋引章急于嫁给周舍，是希望早日从良，若长久待在欢场，"今日也大姐，明日也大姐，出了一包脓。我嫁了一个张郎家妻，李郎家妇，立个妇名"。选择周舍，是因为他家境富裕，衣着光鲜，出手大方，又百般体贴；若嫁给穷书生安秀实，"一对儿好打莲花落"，可能会衣食不继，甚至乞讨。盼儿比引章世故多了，提醒引章，"做子弟（嫖客）的做不得丈夫"，当嫖客时"情肠甜似蜜"，娶回家不到半年，往往就恶言相向，甚至拳打脚踢。她深知妓女的姻缘非同容易，"待嫁一个老实的，又怕尽世儿难成对；待嫁一个聪俊的，又怕半路里轻抛弃"。何况在妓院日久，日常生活未必懂得打理，如剧中夸张地写宋引章连被子都不会套，把引章自己和来帮忙的隔壁王婆婆都套进被里，周舍气到要拿棍子打人。

妓女从良，即使想努力做个三从四德的贤妇，还是会让夫家嫌不体面；操持家务时，难免劳心劳力，与家人发生争执，又会动不动被说成贪财、耍手段、斤斤计较。当时演员的婚姻遭遇，在《青楼集》也有许多记录，不是婚嫁后难以适应，就是丈夫过世后被正妻赶出，往往只好再回乐户；即使是大名鼎鼎的珠帘秀，后来是嫁给道士，也有人自己出家为女道士，女演员尚且如此，何况青楼歌伎。宋引章的坎坷遭遇，只是其中一个例子，本剧在以智巧取得圆满胜利之际，也饱含辛酸之情。

二、《钱大尹智宠谢天香》

【剧情概要】

柳永与开封名妓谢天香交好情深，因逢考期将届，柳永打算上京应考。这时正好柳永故交开封新任太守钱可到任，谢天香身为上厅行首，必须前往参见新任长官，柳永也去看望老友，并拜托钱大尹在他赴考期间，好好照顾天香。

柳永离开后，某日钱大尹点名召见天香，并命她演唱柳永新作《定风波》，因作品中有钱大尹名字"可"字，为避名讳，天香即席改韵，表现出过人才华，钱大尹当即表示，要纳天香为小夫人，除去乐籍。天香大惊失色，因她喜爱的是柳永，岂料钱大尹棒打鸳鸯，自己又无法反抗，只能委屈进入钱家。天香在钱府住了三年，一方面思念柳永，一方面又死心地想，妓女能够出嫁也是好事，但钱大尹却又对她极其冷淡，并不与她成亲，只偶尔与她讨论诗词，天香终日惶惶不知所措。

三年后，柳永中举，钱大尹设宴款待，柳永因得知钱大尹强娶天香，心中不悦，不愿饮酒。钱叫天香到前厅为柳永把盏，并说明当初考虑柳永中举后，官员不宜娶娼女为妻，所以自己佯装要娶天香为小夫人，以便先除去娼妓所属的乐籍，专待柳永归来，于是命人收拾车马，将天香送往状元宅第，柳与谢感恩拜别。

【赏析】

本剧极力强调谢天香的才智，不但"走笔成章，吟诗课赋"，顺口改韵填词，也能与钱大尹即席应答赋诗，因是旦本，谢天香在剧中承担了极大篇幅的唱词，词语流丽；四折分别为仙吕、南吕、正宫、中吕，音乐美听；表演时，谢天香当然是全剧最重要的角色。但是，进一步思索，谢天香的出现，只是为成就钱大尹和柳永间的"肝胆"情谊罢了。

钱大尹因柳永之托照顾谢氏,在可采取的千百种方法中,偏偏选择了不明不白地纳谢氏入府,也不说明是为了替天香除掉乐籍,以待柳永中举归来。钱大尹将天香娶进府后,又故意不理不睬,三年冷遇。谢天香"匪妓"从良,虽深怨钱大尹拆散鸳鸯,倒也真心实意地想委托终身。然而,虽将此心托明月,谁知明月照沟渠,在钱大尹几近侮辱摧折的冷漠中,谢氏不免情思缠绵,心事重重,在钱大尹要她以骰子为题作诗时,唸出"一把低微骨,置君掌握中。料应嫌点涴,抛掷任东风",何等悲凉。谁知三年后,柳永得中归来,她又在未经任何心理调适的情形下,被送回柳永身边。

钱、柳男性中心的友谊"佳话"中,谢天香只是一个被扭曲、空白化的符号而已,剧终时杀牛造酒的喜宴,其实是轰然碎裂了爱情喜剧的神话。关心、同情歌伎的关汉卿,在此一情采兼备、悬疑解谜、情节起伏,演出时想必极获好评的作品中,不经意的更强化了时代对女子,或对歌伎看法的囿限。

三、《杜蕊娘智赏金线池》

【剧情概要】

济南上厅行首杜蕊娘,在府尹石好问招待友人韩辅臣的宴会中,被唤去陪酒,韩、杜两情相悦,韩辅臣索性住到蕊娘家中。蕊娘的母亲鸨儿是爱财之人,韩辅臣在蕊娘家住了半年,石好问送他的钱早已挥霍殆尽,石好问也因任期已满,调往京城,无法再提供资助;蕊娘又一心想嫁韩辅臣,不肯好好服侍其他上门的客人。

于是鸨儿故意在韩辅臣面前冷言冷语，韩愤而离开。蕊娘与母亲数度争吵，鸨儿谎称其实是韩另结新欢，才会离去，蕊娘愤怒，疑虑不安。过了二十多天，韩辅臣趁鸨儿外出时再度上门，但韩杜彼此赌气，未能厘清误会，韩再度离开，韩以为蕊娘也像鸨儿贪爱钱钞，蕊娘则以为韩移情别恋，背弃自己。

三年后，石好问再度回任，韩辅臣以死相逼，要石好问出面替他邀约蕊娘。石好问在金线池举行宴会，召来许多官妓，蕊娘也在其中。蕊娘心中记挂韩辅臣，及至见面，又不肯假以辞色。韩于是再度与石商议，两人设计，指称蕊娘失误官身，将她召至官衙，即将重罚，蕊娘无奈，只好央求在旁的韩辅臣说情，石好问顺水推舟，让两人重修旧好。

【赏析】

杜蕊娘的"自我意识"是比较强烈的。她以为自己在爱情上应该享有与韩辅臣相同的权利，可以要求对方和自己一样爱惜、看重这份感情。当鸨儿间阻，蕊娘与鸨儿争辩，毫不妥协，韩辅臣竟负气而去，"轻负花月约"。之后，韩再回头要求蕊娘随顺，蕊娘即使心念没在韩辅臣身上，不经意出言时，也往往道及韩辅臣的名字，却不肯轻易答应和解。只是，杜蕊娘所意图坚持的、在爱情上与韩辅臣对等的这份傲气，仍在韩辅臣、石好问计谋的棍、枷威胁下，被消音了，完成全剧最后皆大欢喜的圆满的结果。

爱情剧——良家妇女

除了风月场中的名妓在忧危之中追寻爱情，寻常人家的女子同样向往爱情与婚姻。不论是地位低下的婢仆、与寡母相依的弱女、战乱中流离的佳人，或中道失婚的寡妇，她们既坚持爱情的平等尊贵，也顽抗可能动摇婚姻的任何外力。相关作品有：《诈妮子调风月》《温太真玉镜台》《闺怨佳人拜月亭》《望江亭中秋切鲙旦》。

四、《诈妮子调风月》

【剧情概要】

洛阳城的女真贵族老夫妇，膝下无子，当侄儿来访时，非常高兴，指派能干利落的丫鬟燕燕去负责照顾。侄儿家也是世袭千户的贵族，大家称他"小千户"，小千户长得英俊潇洒，就像粉妆玉琢的菩萨"魔合罗"。

小千户对燕燕颇为钟情，多方挑逗，百般追求；燕燕素来对富家公子并无好感，总觉得他们情感不真，虽然也对小千户萌生爱意，但并不确定小千户是否真心相待，还是拒绝了小千户的求欢。小千户遭到拒绝，更加温柔体贴，海誓山盟，燕燕面对小千户热烈又温柔的攻势，看着小千户的模样、身份，又对自己这么好，想到也许真的可以改变自己身为奴婢的身份，成为世袭千户的小夫人，终于随顺了。

寒食节，燕燕与女伴出游，回来见小千户无精打采，又对她爱理不理，询问时，发现了小千户怀有其他女子相赠的手帕和宝盒，她威胁要摔碎盒子、剪破手帕，才问出原来是小千户和千金小姐莺莺的定情信物。燕燕又伤心又生气，大骂小千户后，回到自己房中。小千户来赔罪，则吃了闭门羹。

小千户已决心要娶莺莺小姐，央请老夫妇帮他说亲，夫人则派燕燕前去说媒。燕燕满怀气愤和委屈，去时刻意向莺莺说小千户的坏话，想破坏亲事，但莺莺已心许小千户，亲事还是说定了。结婚之日，燕燕大闹礼堂，并说出她和小千户的关系，场面相当尴尬，最后是同意让燕燕当第二个夫人，才圆满落幕。

【赏析】

本剧曲文完整，科白简略，很多地方只有"正末云了""正末外旦郊外一折"的交代，但曲词精彩夺目，栩栩如生地写了争取情爱中平等位置的小丫头燕燕，个性鲜明，言辞泼辣，本书赏析一节收录第二折，可以欣赏到跌宕多姿、利落爽脆的文词。

燕燕虽与小千户地位并不相称，但既已海誓山盟，当小千户怀有"二心"，并打算另娶他人时，燕燕不惜撒泼要赖，强调一己爱情的尊贵。虽然只是小夫人，但"许下我的，休忘了"，一旦名分清楚，"便燕燕花生满路"。在那样的时代，燕燕所能争取的，也只有如此了，就像《谢天香》和《金线池》，结局虽有些许无奈，却也有着时代的慈悯与温暖。至于20世纪中后期改编的《燕燕》，让燕燕自尽身亡，惨怛激烈，自是另一番面目。

五、《温太真玉镜台》

【剧情概要】

翰林学士温太真（峤）得知姑母与表妹迁居京城，前往拜望。见表妹倩英竟已出落得如神仙般美丽，魂醉神迷。当姑母说初来京城，找不到合适的老师继续教倩英弹琴写字，问太真可否帮忙，太真马上答应。之后太真借着教弹琴写字之便，亲近倩英，并握倩英之手，倩英动怒。

姑母与太真闲聊时，提及翰林学士中若有合适人选，可否帮倩英保一门亲事，太真满口应承，举荐一人，说那人年纪、身形、才情，都与自己相仿，并送来皇帝御赐玉镜台为聘礼。等官媒正式来择日，姑妈才知太真所保之人是他自己，侄儿原是出色人物，如今聘礼也收了，就择日嫁女。

倩英却觉得太真根本是无赖骗婚，既不肯吃交杯酒，也不肯同房，成婚两个月，太真一路做小伏低，极尽讨好之能事，倩英还是不予理会。其后王府尹知道此事，奏请皇帝设鸳鸯会水墨宴，宴请诸位学士、夫人。席间规定，"有诗的，学士金钟饮酒，夫人头插凤钗，搽官定粉。无诗的，学士瓦盆里饮水，夫人头戴草花，墨乌面皮"。太真要倩英叫他"丈夫"才肯作诗，倩英不愿乌墨涂面，只好唤了丈夫，太真大展才华，赢得光彩，夫妇终于和睦。

【赏析】

这是关汉卿现存三个末本戏之一，和另两本《单刀会》《双赴梦》写英雄豪杰不同，这是他现存唯一以书生为主角的剧本。在关汉卿所写争取爱情的戏剧中，各种不同个性的女子无不形象鲜明、神采飞动，而无法借演唱聚焦的男性角色，则不免稍逊一筹。

此本由正末扮演的温太真为主角，虽然以欺蒙的手段娶得表妹刘倩英，婚后为赢得倩英之心，自始至终"逆来顺受"，试图以款款深情打动倩英，最后靠"水墨宴"的契机，导引出团圆的结局。剧情发展出现小小的危机，而后翻转解决，剧中男女主角都有台阶可下，观众也心满意足，皆大欢喜，这种欢乐明亮的结局和气氛，正是庶民百姓进入剧场的原因之一。

六、《闺怨佳人拜月亭》

【剧情概要】

金元交战时，金国兵部尚书王镇奉旨出征，元军逼近北京，百姓纷纷出城奔逃，王镇的妻子张氏与女儿瑞兰，也随众逃难，却被混乱的人群冲散；同时，蒋世隆与妹瑞莲也走散了。

一边呼喊"瑞兰"，一边叫唤"瑞莲"，张氏遇见瑞莲，收为义女，逃到王镇处。瑞兰则与世隆相遇，兄妹相称，兵荒马乱中，若有人询问，也权称夫妻。途中，两人与世隆结拜兄弟武人陀满兴福短暂相随，之后兴福前往投军，世隆病倒，滞居客栈，瑞兰悉心照顾。世隆病情渐次痊愈时，王镇率兵经过客栈，寻获女儿瑞兰，发现瑞兰与男子同行，还私订终身，大怒之下，抛下世隆，将瑞兰强带回家。

瑞兰、瑞莲姊妹情好，瑞兰记挂世隆，在花园拜月为世隆祈福，被瑞莲撞见，瑞兰告知缘由，才知两人关系不仅是姊姊妹妹，还是嫂嫂小姑。天下安定后，王镇招文武状元为婿，瑞兰甚是烦恼，成婚之日才知其中一人竟是世隆，于是世隆瑞兰、兴福瑞莲，各成佳偶。

【赏析】

这本以情节取胜，传唱千古，并经一再改写、搬演的作品，是以错认与巧合呈现了战乱年代涕泪啼笑交杂的诸般无奈。同时，本剧也"示范"了元代爱情剧里爱情观所立足的伦理系统，是典型的支配论述（父亲、礼教、功名婚姻）和反支配性论述（年轻情侣、爱情、私约幽会）的对话。在某些"非常"的时空，人忽然脱离了亦步亦趋的强大社会宰制，单纯的偶遇相逢，战乱流离成就了蒋世隆、王瑞兰这一对乱世鸳鸯。而一旦父女重会，支配论述遂不容异议地铲除"异己"的声音，强行拆散未经伦理系统认可的非法结合，王父带回瑞兰，之后又以不容动摇的姿态，要将瑞兰重新纳入"安全"的系统中，逼她嫁给新科状元。

瑞兰在闺中思忆、亭畔拜月、面对聘礼，或玳筵前手捧许亲酒时，都身陷极度的焦虑之中。与久别的丈夫在另一次婚姻的筵席前，以男女主角的身份重逢，毋宁是极度尴尬的。虽然瑞兰在自承"狠毒爷强匹配我成姻眷"的哀怨倾诉中，也指责了世隆"可是谁央及你个蒋状元，一投官也接了丝鞭"，可是在彼此的背叛中，在父权系统下的女性角色的确"我便身上都是口，待交我怎分辩"。

巧合的安排，让本剧有了欢庆的结尾，充满危机的场面，也因突然逆转，变为喜剧性的情节，成全了王瑞兰拜月之际祈求的愿望：

愿天下心厮爱的夫妇永无分离，教俺两口儿早得团圆。

而团圆，当然要筑基于前文所言元代爱情剧里爱情观所立足的伦理系统：爱情→阻碍（父权）→功名（父权系统的更高位置）→遂行爱情（遂行父权，或由父权收编），并经由此一支配性论述中的权力交涉与权力播弄，方得以完成。

七、《望江亭中秋切鲙旦》

【剧情概要】

白士中将到潭州上任，途中到清庵观探访出家为道姑的姑姑，谈到士中妻子已经亡故，姑姑决定帮他介绍常到观中闲谈的学士李希颜的寡妻谭记儿，亲事果然成就，记儿随夫赴任。

权豪势要之子杨衙内听说记儿甚是美貌，原本想娶为小夫人，不意记儿竟嫁给白士中，心中嫉恨，于是奏知皇帝，诬告白士中贪花恋酒，不理公事，于是奉旨带着势剑金牌要取白士中首级。

白士中母亲快信通知，记儿认为祸从己身而起，决定单身冒险，解决此事。谭记儿化装为卖鱼妇人，乘舟靠近杨衙内的大船，说是捕得金色鲤鱼，前来兜售，并做切鲙料理。杨衙内见记儿美貌，叫她上船，并邀她喝酒，席间说出自己到潭州要杀白士中，记儿故意说这是为民除害，是好事。接着衙内让亲随告诉记儿，想娶她当小夫人，记儿也佯装答应，衙内大喜，记儿引诱衙内写下调情诗词，自己也回了一首。记儿灌醉衙内后，偷走势剑金牌，并将诗稿与文书调包，乘小舟离去。

次日，杨衙内到潭州，宣读文书，却是情诗淫词，记儿又出面控告杨衙内昨晚调戏之事，衙内只好与士中谈条件，彼此松手和解。最后请出谭记儿相见，才知竟然是昨晚渔妇。这时府官李秉忠奉上司台旨赶至潭州，证明杨衙内挟怨诬告，将之削职，白士中夫妇中秋人月圆。

【赏析】

若将剧本分为文人之剧与剧人之剧，关汉卿的作品绝对属于熟悉舞台演出的剧人之剧，《望江亭》就是典型的例子。

第一折先讲记儿寡居之后，对自己的未来惶惑不安，既考虑随白姑姑出家，又觉得如果有像自己亡夫那样看重自己的人，也可以再婚。当白姑姑介绍鳏居的侄儿白士中时，剧作家又设计了"官休私休"的赚婚圈套，使剧情出现小小的起伏。当时记儿提出的唯一条件，是白士中必须志诚一心，白头相守，刻画了寡妇再嫁的忧虑。

第二折白士中收到母亲信，知道杨衙内即将来取自己首级，正在忧恼，作家又宕开一笔，好整以暇地写谭记儿怀疑白士中接信后愁苦，是否另有前妻，几支曲牌一方面让戏不仅叙事，还有暂停戏剧动作的抒情歌唱表演，一方面则延宕危机，同时再度突出谭记儿的不安全感。等记儿明白丈夫并无他心，还因为与自己成亲招来大祸，捍卫宝贵婚姻的勇气陡然而生，继续推演到全剧重点，以及谭记儿智赚势剑金牌的慧黠，一场"女性／非理性／美色"对"男性／语言／权力"的嘲讽和摆布于焉展开。

杨衙内、白士中之间，权力悬殊差异，赏析一节收录其第三折，关汉卿安排谭记儿采取"智取"的方式，并插入张千、李稍等调弄的角色，让危险的决战成了欢闹缤纷的场面以及剧场中的华丽表演。至于剧名《切鲙旦》的旦字，指的是旦本，有些版本把旦字去除，仅留《望江亭中秋切鲙》，在文义上是合理的，但却未必必要。因为元杂剧剧名是以正名末句为据，放上主唱角色，并不是特例，如《风雨像生货郎旦》《都孔目风雨还牢末》，倒也不必刻意删除。

公案剧

公案剧是元杂剧的主要类别，面对无法依赖法律解决的冤屈，庶民只能期盼有不畏权势、智计过人的清官，明察是非的鬼神，幻梦的启示或上天的补偿，来伸张正义公理，相关作品有：《感天动地窦娥冤》《钱大尹智勘绯衣梦》《包待制三勘蝴蝶梦》。

八、《感天动地窦娥冤》

【剧情概要】

书生窦天章向蔡婆借了高利贷，无力偿还，只好把女儿端云送给蔡婆当童养媳，权充抵债，蔡婆又送给窦天章一点盘缠，让他上京赶考。后来蔡婆搬到山阳县，将端云改名窦娥，在窦娥十七岁时许配给蔡婆的儿子。不料不到两年，蔡婆之子就过世了，婆媳两代寡妇相依为命。

一日，蔡婆去向赛卢医索讨高利贷的款项，赛卢医还不出来，将蔡婆骗到城外，打算勒死，正好张老、张驴儿父子经过，救了蔡婆。父子俩知道蔡婆有钱，又听说家中还有一位寡媳，两人不要谢礼，希望与蔡家婆媳两代各成姻眷，蔡婆拒绝，张驴儿作势要勒死她，蔡婆无奈只好先带张家父子回家。窦娥严词指斥，但张家父子还是住了下来，张老和蔡婆处得不错，窦娥则坚决拒斥张驴儿。

后来蔡婆生病，想吃羊肚汤，要窦娥去做。张驴儿心想，若害死蔡婆，窦娥孤苦无依，就会随顺自己，于是买了毒药加在汤中。岂知蔡婆身体不适，也就没有胃口，不想吃了，张老把羊肚汤喝下，中毒身亡。张驴儿趁机威胁，窦娥不理，于是闹上公堂，张驴儿告窦娥药死公公。

窦娥本来坚不认罪，但庭上要打蔡婆，她不忍婆婆受苦，就认了杀人之罪。行刑之时，窦娥指天骂地，并发下三桩誓愿：如果冤枉，刀过处头落，血不落地，都飞在高悬于旗枪的白练之上；六月飞雪；楚州亢旱，三年不雨。结果三件事都证验了。

窦天章上京后及第，到蔡婆原来居所却没找到人，经常思念女儿，十三年后担任两淮提刑肃政廉访使，来到扬州。窦娥鬼魂出现申冤，窦天章终于查清事实真相，抓到一干人犯，还窦娥清白。

【赏析】

《窦娥冤》全剧及论析，收入本书赏析一节，在此仅稍述其后各种改编作品。最早的改编本，是明代叶宪祖的传奇《金锁记》，以昆曲形态演出，之后京剧及各地方戏都有不同改本。以京剧为例，先后有梅兰芳、程砚秋的改本，1980年台湾雅音小集郭小庄也曾演出孟瑶改编的《窦娥冤》。戏曲之外尚有歌剧、舞剧、音乐剧等作品，如现代音乐就有1972年吴大江《倚门望》（香港）、1978年林乐培《秋决》（香港）、1987年马水龙《窦娥冤》（台湾）等。近年演出则有2008年台北艺术大学戏剧系演出的舞台剧《呐喊窦娥》，以及2010年李行导演、庄奴作词、翁清溪作曲、史撷咏编曲的音乐剧《夏雪》，可谓历千年而不衰。

九、《钱大尹智勘绯衣梦》

【剧情概要】

王、李两家指腹为婚，王家生女儿闺香，李家生男孩庆安。十七年后，李家早已败落，王员外派家人送一双鞋和十两银子到李家，表示让庆安穿上此鞋，踏断钱脚，算是取消婚约。李家父亲无奈，庆安倒不在乎，安然接受。

庆安穿上新鞋，央求父亲给他二百钱买风筝，兴高采烈地去放风筝。没想到风筝缠在一家宅院的梧桐树上，他翻墙进入宅院，脱鞋上树取风筝。原来这正是王家后院，闺香因日前父亲要她缝制一双鞋给庆安，以为李家就要来正式提亲，却无消息，与丫鬟梅香到花园闲游解闷。两人发现树上有人，树下却放着闺香缝制的鞋。等庆安下树，与闺香相认，闺香问李家为何迟未迎娶，庆安说家中贫穷，无力备办聘礼。闺香和梅香商量，决定准备金银财物赠给庆安，以便当作聘礼送到王家，约好晚上庆安到园中太湖石畔相候，梅香会将财物送到。

王员外因退婚顺利，非常高兴，就亲自到经营的当铺招呼生意，遇到当地流氓裴炎拿一件旧衣到王家当铺，想讹借金钱，王员外将他斥退。裴炎心中怀恨，当晚持刀进入王家，想杀人劫财，才进后园就遇见梅香，杀死梅香抢走包裹；等庆安到时，发现梅香倒在地上，用手去摸，才知梅香已被杀死，赶紧跑回家中，因一时慌急，手上血痕印在自家门上。王家发现梅香被杀，一时大乱，闺香只好说出与庆安相约之事，王员外赶到李家，见门上血手印，将庆安扭送官府。

审讯后，官司问定死刑，只等府尹钱可正式签判。钱大尹复审后，虽有疑虑，但前官问定，也只好签判，提笔时，庆安曾经救过的大苍蝇飞来抱住笔尖，又爆破笔管，三番两次无法落笔。钱大尹觉得其中恐有冤情，将庆安先关在狱神庙中，派人监视、查访。庆安梦中说出"非衣两把火，杀人贼是我。赶得无处藏，走在井底躲"。钱大尹怀疑杀人犯可能叫作"裴炎"，叫手下窦鉴和张千寻访，果然在棋盘井底巷抓到裴炎，并证实凶刀是裴炎家中物品，确定裴炎是杀人贼，放出庆安，李、王两家重修旧好，庆安、闰香成亲团圆。

【赏析】

在门当户对时，双方家长指腹为亲，一方败落后，另一方反悔，这是现实生活和小说戏曲中常见的主题，而若涉及命案与冤屈，更会引起关心叹息而传唱不歇。情节与《绯衣梦》类似的唱本与剧本甚多，可称为"血手印系列"，除男女主角名字更动（如林昭得、李彦贵、林孝童、陈英；王千金、黄月英、黄桂英、王桂英、柳兰英），及两人见面的机缘稍有不同外，后续发展大致承袭。

明传奇《卖水记》男主角家道中落后是卖水为生，与明传奇相同的有宝卷《包公巧断血手印》、晋剧《火焰驹》、湖南唱本《卖水记》、扬州戏《陈英卖水》、扬州唱本《卖水记》、蒲仙戏《卖水记》、京剧《卖水》。

剧中有风筝或苍蝇情节的，则有梆子戏《血手印》（一名《苍蝇救命》）、秦腔《风筝记》（或名《血手拍门》《血手印》）。越剧也有《血手印》，1963年根据越剧改编的黄梅调电影《血手印》，饰演林昭得的演员凌波夜访花园时所唱"郊道"一曲，不但当时风靡东南亚，更是至今传唱。此外，也有将"放风筝"改为寻找黄莺的，如明代刻本《风月锦囊》所收的《黄莺记》。

至于破案契机的梦中之语，则是借用了《太平广记》中记录唐代骆宾王想策动裴炎攻打武则天所作的童谣："一片火，两片火，绯衣小儿当殿坐。"本剧的李庆安的梦话是"非衣两把火"，因有唐代裴炎的故事，就把剧本的名称也叫作"绯衣梦"了。

十、《包待制三勘蝴蝶梦》

【剧情概要】

王老汉虽出身农家，仍勉力栽培三个儿子读书写字，他到街上帮儿子买纸笔时，不小心没回避权豪势要葛彪，被葛彪打死。王家三个儿子和母亲得到消息，赶去收尸，并上街寻找葛彪，见面后相互斗殴，王大和王二将葛彪打死，官衙公人把一干人等全带上公堂。

龙图阁待制学士包拯，时任开封府尹，刚审完偷马贼赵顽驴一案，判赵顽驴死刑后，觉得疲累，就稍稍歇息小睡，竟然入梦。梦中看到一只小蝴蝶落进蜘蛛网中，一只大蝴蝶飞来，将它救出；之后又一只小蝴蝶落入网中，大蝴蝶只在花丛上飞，却不去救。这时被手下张千叫醒，审问杀人案件。

过程中，王大、王二都说葛彪是自己打死的，王三说葛彪是自己肚子痛死的，王母也说是自己打死的。包待制说这是串供，总要一人偿命，要王大偿命，王母不同意；要王二偿命，王母也不同意；提到王三，王母同意了。包待制以为王三不是王母亲生，询问之下，才知王大、王二是前房之子，王三才是王母亲生。

包待制想起梦中蝴蝶之事，将王家三个儿子都先关在死囚牢中，其后释放王大、王二，将王三处死。王母与两个儿子要去接回王三的尸体，却遇见王三背着赵顽驴的尸体，原来包待制感念王母大贤，以死刑犯赵顽驴替代王三受死，饶了王三一命，并让王家三个儿子各任官职，旌奖王母为贤德夫人。

【赏析】

正如前文说明元代刑法时提过，蒙古人打死汉人南人，是不须偿命的。元代文网不像明清两代动不动就是文字狱那么严密，但也有一定的规约，因此元杂剧中并不直称蒙古贵族做了什么事，往往以"权豪势要"代称，而这些权豪势要在剧中显然并不需要背负刑责。于是，当清官断案或平反冤狱时，并不（也无法）依律而判，而是运用各式各样的智计来解决，这是当时环境中没有办法的办法。

《蝴蝶梦》也是一样。葛彪打死王老汉，王大、王二打死葛彪，但葛彪原是打死人不须偿命的权豪势要，王家兄弟为报杀父之仇而打死他，身份地位的不平等，使整个事件不只是单纯的"杀人偿命"规例可解决，包拯审案时，重点不是在追究葛彪的罪刑，而是必须找出一人来抵葛彪之命。

剧中先以蝴蝶怜救其子的梦境，渲染了"预知先兆"的神祕色彩，更借之宣称恻隐之心，人皆有之，"你不救，等我救"的合法性，梦中的怜救小蝴蝶，等同于判案时护救王三，那么以另一原判死罪的赵顽驴成为救赎的牺牲，也就"理所当然"了。何况王母为救前房之子，宁愿割舍亲生，在贤母形象的映照下，包拯的从权智计遂可被观众不加訾议地接受，而包拯也狡狯地运用了他掌握的权势，暗暗嘲谑了当时的威权体制。

不过，如果就此打住，将成为太过鲜明的抗辩符码，为了表明剧中的颠覆是无害的，天子依然圣明，皇权不容置疑，让剧作家、演员、观众看完戏可以安心离开，剧末补上"圣人之命"：

大儿去随朝勾当，第二的冠带荣身，石和做中牟县令，母亲做贤德夫人。国家重义夫节妇，更爱那孝子顺孙，圣明主加官赐赏，一齐的望阙谢恩。

在望阙谢恩之际，我们看到了权力的再制、分配及延伸。

亲情剧

《蝴蝶梦》是公案剧，也是赞叹贤母的例子，有关母亲的题材，还有《陈母教子》。

十一、《状元堂陈母教子》

【剧情概要】

陈母冯氏育有三子一女，她教子严格，期望甚深，打算盖一座状元堂，建造期间，挖到一窖金银，儿女认为是天赐钱财，陈母却叫人就地掩埋，她认为"遗子黄金满籝，不如教子一经"。春榜动,选场开,老大老二连续两榜考上头名状元,自信满满的老三却只得到第三名探花,该科状元是西川锦州人王拱宸,陈母便将女儿嫁给了王状元。

陈母生日,对未得状元的三子不假辞色,冷言冷语,三子发愤图强,再度赴考,终于夺下状元,却因收受友人赠送的锦缎,再度被母亲教训。寇准得知陈母大贤,请来相会,陈母由三子一婿四位状元抬来,备极风光,寇准并奉圣旨,为陈家封官进爵。

【赏析】

《陈母教子》是随着明代赵琦美《脉望馆钞校本古今杂剧》的发现才重见天日的,但自本剧再度问世就不断被批评,20世纪50年代以后,更因为陈母要求儿子考上状元,被指为思想封建平庸,甚至有人主张把该剧从关作中剔除。在一个根本没科举,也没有状元的时代,状元只不过是个虚幻的符号,包括作品中写陈家老三因为只考上探花,三年后再度赴考夺得状元,这当然也是纯属虚构不合实情的安排。

小说戏曲中的读书人,一参加科举就考上状元,是从元代作品开始的,反正没科举,就让每个人都中状元,补偿生活中的缺憾,后来竟成习套。《陈母教子》中,以功名,特别是状元,作为努力的唯一目标,当然是有点恐怖的事,但教子成名何尝不是以往的时代许多父母的心愿。

然而,就像为关汉卿贴上"正义""抗争"标签的未尽合宜,因《陈母教子》对社会制度的认同,遂目之为"御用"与

"庸俗"[1]，也殊可不必。如果奔向更高层的权力系统以寻求安定和安心，是传统知识分子不可抗拒的魅惑和宿命，则《陈母教子》这一本剧作的完成，也就无须大加挞伐了。当我们预设了关汉卿作为异议者的身份，遂无由容忍他依循经典教诲。其实更重要的是，我们是否在《陈母教子》的文本论述之外，也看到闪烁、不安的声音，看到关汉卿敢于直面人生、正视淋漓鲜血的个性，再度以消遣调谑的玩世态度，在文本深处窜动？否则，一门四状元的《陈母教子》，怎会充满滑稽、荒唐之感！

历史剧

历史故事原就是戏曲题材的泉源之一，时移事往，一时多少豪杰也都灰飞烟灭，半纸功名百战身，转头高冢卧麒麟。相关作品有以下三本。

十二、《邓夫人苦痛哭存孝》

【剧情概要】

李克用平定黄巢后，诸子中以李存孝战功最为彪炳，克用应许将派存孝镇守潞州。存孝原名安敬思，自幼父母双亡，牧羊为生。克用为集结天下英雄，广收义子，见存孝有打虎之力，也收为义儿家将，改名存孝。

1　毕明星：《选择与自由：关汉卿文化品格的哲学阐释》，《关汉卿研究新论》。石家庄：花山文艺出版社，1989 年。

在李克用的规划中，另两个儿子李存信和康君立将镇守邢州。但存信与君立觉得潞州地大物博，而邢州接近黄巢旧部朱温的地盘，比较危险，于是在酒宴中谄媚奉承，灌醉克用后，提出由存孝守邢州、他们俩守潞州的建议。克用同意后，在存孝与其妻邓夫人前来赴宴时宣布。其他将领和存孝夫妇虽然希望克用能再三思，但克用已然醺醺大醉，存孝夫妇只能奉命前往邢州。

存信与君立怕存孝心中留有芥蒂，决定设计杀害存孝。存孝夫妇到邢州后，军正民安，忽然存信、君立来访，诈传克用命令，要义儿家将各自认姓，命李存孝改回安敬思。存孝虽不愿意，但不敢违抗父亲的话，于是改回原来姓名。

存信、君立赶回克用处告知，并说存孝即将率领飞虎军来杀克用。克用大怒，当下就要发兵，克用妻子刘夫人劝阻，认为存孝不是忘恩负义之人，她亲自到邢州查看再说。

刘夫人到邢州，一路查访，存孝果然改回原名，遂到存孝府中质问，存孝夫妇大惊，说明是存信、君立来传命令的。刘夫人决定带存孝回去揭穿谎言，邓夫人担心存孝回去会身陷危境，刘夫人表示有自己在旁，不必担心。

回去后，李克用再度醉酒，刘夫人正设法向大醉的克用说明实情，存信、君立匆匆赶来，谎称刘夫人亲儿亚子（李存勗）打围落马，情况危急。刘夫人听完，抛下存孝，赶去探望，存孝不免感叹"义儿亲子假和真"。存信、君立担心一旦克用酒醒，刘夫人说明真相后，他们俩会被杀，索性先下手为强，扭曲克用醉中话语，将李存孝五车裂身而死。等刘夫人知道上当后赶回，已经来不及了，只能号啕痛哭。

存孝妻子邓夫人，拿着引魂幡，背着骨灰盒，回邓家庄安葬丈夫。李克用、刘夫人、众将与大军，押着李存信、康君立到存孝灵前，同样五车裂尸，为存孝报了仇。

【赏析】

唐末世局混乱，英雄辈出，李存孝忠心被逸，车裂身亡，是人间不堪不忍之事，写成小说、编为剧本，一向都在民间引起嗟叹与同情。本剧不由李克用或李存孝角度切入，而由李存孝的妻子邓夫人和小校尉旁观的视角吟唱，稍稍拉远距离，又可有较全面的观照。

正旦分别扮演邓夫人和莽古歹，也就是小番，汉语指位置较低的校尉。正旦兼扮小番的例子，从元杂剧延伸到明清传奇，扮演小番和扮演女主角，演唱方式和声口当然会有差别，也就是让正旦这门行当，有更多的表演空间。

本剧第三折的中吕宫套曲，接近诸宫调的说唱方式，把第一、二折演过的内容，以曲子重说一遍，在元杂剧《风雨像生货郎旦》的张三姑，或清初传奇《长生殿·弹词》的李龟年，分别以【九转货郎儿】重述往事，都是与此类似的手法。

十三、《关大王独赴单刀会》

【剧情概要】

汉末三国鼎立，为对抗曹魏，东吴孙权与蜀汉刘备联手合作，并结为亲家。但蜀汉向东吴借的荆州却久假不还，还派关羽驻守。吴国鲁肃与黄文设下三计，拟索回荆州。

第一计请关羽过江饮宴，以礼催讨。若是不还，第二计驱离江上船只，让关羽无船可回，默然有悔，诚心献还。若还行不通，第三计宴席中埋伏武士，将关羽一举擒下，威胁刘备。

实行之前，为慎重起见，两人先去请教吴国大老乔公。乔公力劝不可行，并说明蜀汉君臣赤壁之战的厉害及关羽取西川时的英勇。鲁肃不死心，又去请教好友司马徽，邀他一起参加宴会。司马徽表示若有关羽在，他是不会赴宴的，讲述蜀汉诸葛亮才智过人，黄忠、赵云、马超、张飞都不是好惹的，关羽更是勇悍无双，加上喝了酒脾气不好，若提到荆州，说不定会拿剑杀人，建议还是打消计划为上策。

鲁肃听了，心里也有些害怕，但荆州还是必须讨还，派黄文亲自将邀请函送到荆州，关公爽快答应。关平提醒关公宴无好宴，要不要重新考虑。关公表示千里独行、五关斩将都不怕，何惧区区宴席，于是和周仓单刀赴会，关平、关兴则带兵接应。

酒席中，鲁肃提起荆州之事，不管他正说反说，关公毫不理会，进而索性恐吓鲁肃，说匣中之剑发出响声，想要杀人，说不定会应在鲁肃身上。鲁肃打算启动埋伏兵将，关公又以剑击案，表示若有埋伏，就要动剑了。鲁肃思索，眼看无法从关公手中要还荆州了，顺水推舟，送他安然离开。

【赏析】

本剧是关汉卿向他的关姓祖先致敬，第一、二折由正末分别扮演乔公和司马徽，铺叙堆叠出关公的神威武勇，主角还没上场，已经光芒万丈。第三折关公"像个神道"一般出场，慨然接下黄文送来的请帖，第四折单刀赴会。这是一出写人，而不是叙事的戏。第四折曲文尤其精彩，如【驻马听】吟唱浩浩江水是"二十年流不尽的英雄血"，【沉醉东风】嵌入五个"汉"字，及赴会归来，见"晚凉风冷芦花谢"，所唱【离亭宴带歇指煞】更是踌躇满志，意态潇洒，可参见本书赏析一节所录。

北曲的演唱方式，在明代前期已经失传，《单刀会》却被明代各选本保留，以"昆曲化的北曲"《刀会》的面貌，流传至今。曲白虽稍有增删，但仍可得其仿佛，并经历代艺人加工调整，从唱工较重的戏，转为唱念做表并重的表演，成为演员挑战"威毅中含儒雅"角色的代表作品。由于关公在民间信仰的崇高地位，《刀会》除了在剧场演出，也是宗教酬神活动的表演剧目，与《卸甲封王》《六国封相》《八仙庆寿》等，同为"仪式剧目"，为人间带来吉泰安康。

十四、《关张双赴西蜀梦》

【剧情概要】

刘备、关羽、张飞三人结拜后，肝胆相照，一起建立了许多功业。关、张各赴任所后，刘备日夜思念，使臣奉命原拟到荆州、阆州召还关、张，却得知两人死讯。诸葛亮见刘备终日不安、疑神疑鬼，于是观天象占卜吉凶，发现贼星增艳彩，将星短光芒，心中忧虑。这时使臣回报，关、张两人都已被贼人所害身亡。诸葛亮震动悲痛，又考虑到刘备目前身体不适，犹豫着要不要马上禀知实情。

张飞被张达杀死后，魂魄驾着阴云要回西川，想到以后不能再辅佐刘备，不能与关公并肩作战，正在伤怀，竟然遇见关羽阴魂，才知关公已被糜芳、糜竺所害。关张互诉被害过程，并商定一起回去托梦刘备，请他代为报仇。

刘备躺在病床上休息，忽见关张二人出现，马上问长问短，但关张不答，还退到角落。刘备心中不悦，诧异兄弟怎么如此生分。月渐西沉，关张知道时间不多，忍住悲痛，向刘备道出真相，刘备痛哭不已。此时，诸葛亮前来探望，刘备激动地叙述梦中景象，诸葛亮含泪证实关张死讯。刘备下令，即刻派出大军捉拿贼人，要为兄弟复仇。

【赏析】

在现存关汉卿剧本中，唯独本剧只存曲文，科白全佚。本剧是末本，第一折是使臣主唱，第二折是诸葛亮主唱，第三、四折，则是张飞主唱。和《单刀会》以前两折侧写关公的英武，第三、四折关公气势万千地登场不同，本剧第一、二折分别写使臣沿路驱驰，得知凶耗，及诸葛亮确认关张死讯，第三、四折则是张飞阴魂的遗憾、凄惶、愤怒。英雄本应马革裹尸，战死沙场，关张两人却都因一时疏忽被小人所害，两人一生功名盖世，却死得如此无谓，三十年结义之情中道断绝，再不能辅佐君王，而一旦命归九泉，"则落得村酒渔樵话儿讲"。

《单刀会》写英雄霸气，《双赴梦》写英雄末路，一样是流不尽的英雄血。

⠿ 相关研究及评价

　　所有的评论与研究，都是对作品的后设思考。关汉卿既然是元代最重要的作家，其作品又数量丰富、质量精彩，且其剧本至今仍不断被改编演出，后代学者从各角度和各层面进行研究，更已自成一种论述（discourse），有人直接称为"关学"[1]，单是研究目录就可编成好几本书，更不用说内容的精审与完整。以下从元明清、19 世纪末 20 世纪初、20 世纪 60 年代、20 世纪 90 年代以后这四个时期，综述关学的发展。

　　自元代周德清在《中原音韵》将关汉卿列为"元曲四大家"之首，钟嗣成《录鬼簿》又列之于"前辈已死名公才人，有所编传奇行于世者"之后，元明清三代开始了相关的零散记录，虽然篇幅不多，内容则包括小传、交游、逸闻、评论和作品著录。元时，"汉卿"已成为杰出作家的代称，出现了

　　1　有关"关学"的发展现象，以曾永义《关汉卿研究及其展望》，及叶长海《关汉卿评价检讨》二文最为精审，推荐延伸阅读。二文俱收于《关汉卿国际学术讨论会论文集》。台北：1994 年。

"小汉卿""蛮子汉卿"的称号。而贾仲明为《录鬼簿》补写的【凌波仙】吊词，称他"驱梨园领袖，总编修师首，捻杂剧班头"，与朱权《太和正音谱》"关汉卿之词，如琼筵醉客。观其词语，乃可上可下之才"，各据崇关、贬关之一端，更引发了后代议论不休的剧坛位置争辩。此外着墨较多的则在作品，特别是文字风格的讨论上。

清末，王国维的研究范畴由哲学转向词曲，并进而投身戏曲，至民初共有戏曲论著十余种，正式开启戏曲研究的门径。王国维特别推崇元杂剧，并宣告："关汉卿一空倚傍，自铸伟词。而其言曲尽人情，字字本色，故当为元人第一。"王国维治学勤谨，论断素来持之有故，言之成理，其说一出，殆为定论，之后学者虽也继续对不同作家进行全面研究，但已很少有人再提出作家排名定位的问题。自此，中国文学史和戏剧史都以关汉卿为元杂剧巨擘，以关汉卿剧作为专题的考证和论述，也一时蔚为风气。

1958 年，关汉卿被列入"世界文化名人录"，中国大陆展开规模宏大的"纪念关汉卿创作七百年"的学术与演艺活动，为期一周的"纪念关汉卿演出周"，至少有一百种不同的戏剧形式，一千五百个职业剧团，同时上演关汉卿剧本的改编本，并发表论文约六十篇，真的只能用"盛况空前"来形容。此后各种论文一再发表，研讨会一开再开，各种论文集和专著纷纷出版，关汉卿研究成为显学，"关学"正式成形。而这到底是幸还是不幸呢，关汉卿忽然成了被挪用的符号，各种斗争性、反抗性、现实性、人民性的标签全贴到他身上，使关汉卿

和他作品的本质反而面貌模糊。这种状况一直延伸到 20 世纪
80 年代。

时代进入 20 世纪末，许多桎梏人心的口号与教条逐渐退
散，在两岸三地的华人文化圈中，关汉卿热潮依旧，但研究方
式已大有改变。各种关学论文和研讨会持续进行，切入的角度
终于回到戏曲本身，让未来的关学有正面发展的可能。

长期以来的关汉卿研究，主要范畴包括：生平籍贯的考
定、作品考定、剧本本事的考证、个别作品的研究、作品的特
色和成就，以及剧作的改编和演出评论。日后当然还必须继续
发掘新的论题和研究方法，扩大对关汉卿作品的研究视野。

▓▓▓▓ 经典赏析

　　关汉卿现存杂剧的内容与评述，已见上文；以下精选关汉卿剧作全本一、折子五，从原典本身进入作家的戏剧世界。关汉卿剧作中，最有名，也最重要的，当然是《感天动地窦娥冤》。剧本的情节转折，剧中主配角人物的饱满多姿，窦娥形象的温婉与刚烈，加上文词与音乐的激动人心，当然都是此剧成功的原因。何况从明清到当代，各个剧种和表演形式不断改编演出，中外学者更从各种角度反复探讨、研究，论著早已盈箱满箧，更将此剧所代表的意义推向巅峰，因此具录全剧，读者可以完整地深入本剧，并了解关汉卿之所以冠绝古今的功力所在。

　　关汉卿作品以旦本为多，也的确擅写各种不同身份、性格的女性。《窦娥冤》之后选录四本各一折旦角为主的戏。

　　《赵盼儿风月救风尘》，是以社会底层的歌伎为主角，赵盼儿去拯救所嫁非人的结拜妹妹宋引章。第三折，正是赵盼儿试图迷惑周舍，以便取得周舍写给宋引章的休书。周舍喜爱烟花粉黛，盼儿就以其人之道还治其身，全折充满欢笑和机心，是极好看的老于世故的侠妓和花花太岁势均力敌的决战。

《诈妮子调风月》则是爱上富贵公子的小丫鬟，争取自己爱情婚姻的历程。第二折是丫鬟燕燕发现和她互许终身的小千户，移情别恋，又爱上千金小姐莺莺。在剧本设定的年代，丫鬟的"地位"原不能与公子小姐相提并论，但燕燕认为在爱情中的双方应该是平等的，她先是胡乱猜疑，等得知实情后，醋劲大发，伤心、愤怒、痛悔。关汉卿在此折选择了明快的曲词，字句爽脆，形象地塑造了历代戏曲中，最有生命力，也最爱娇的小丫鬟。

《望江亭中秋切鲙旦》则是守寡后再嫁的谭记儿，挺身而出，以智计对抗杨衙内，保护自己的丈夫和婚姻。第三折是谭记儿改扮成渔妇去迷惑杨衙内。关汉卿安排了衙内身旁两个心腹之人张千、李稍，由他们来负责调笑滑稽的表演，使本折从刀头上舐血的蒙哄，转为满溢着轻松欢笑的气息，展现了关汉卿对剧场气氛的娴熟掌握，示范了剧人之剧的写作。

《邓夫人苦痛哭存孝》是李存孝被诬丧命的故事，第三折关汉卿安排正旦扮演莽古歹（小番），以近乎说唱的方式，向李存孝的义母刘夫人讲述存孝被杀经过，并勾勒存孝一生功业。特别选录此折，除了因为此折由正旦扮小番、保存说唱遗迹，更因为关汉卿以灏烂豪辣之笔来歌颂李存孝这位一代英杰，是另一种风格的写作形态。

关汉卿剧作现存末本三本，其中以《关大王独赴单刀会》最是脍炙人口，而第四折更以《刀会》之名，至今在舞台上传唱不歇，赏析部分就以此折作结，从"二十年流不尽的英雄血"到"晚天凉风冷芦花谢"，随关汉卿向他"亦狂亦侠亦温文"的同姓祖先关公致敬。

一、《感天动地窦娥冤》

楔子

（卜儿[1]蔡婆上，诗云）花有重开日，人无再少年。不须长富贵，安乐是神仙[2]。老身[3]蔡婆婆是也。楚州人氏，嫡亲[4]三口儿家属。不幸夫主亡逝已过，止有一个孩儿，年长八岁。俺娘儿两个，过其日月。家中颇有些钱财。这里一个窦秀才，从去年问[5]我借了二十两银子，如今本利该银四十两。我数次索取，那窦秀才只说贫难，没得还我。他有一个女儿，今年七岁，生得可喜，长得可爱。我有心看上她，与我家做个媳妇，就准[6]了这四十两银子，岂不两得其便！他说今日好日辰，亲送女儿到我家来。老身且不索钱去，专在家中

1　卜儿：元杂剧中扮演老妇人的角色。
2　元杂剧角色上场，惯例以四句诗总括个性，或目前所处情况。如下文窦天章上场，念"读尽缥缃万卷书"等四句。
3　老身：老妇人自称。
4　嫡亲：血缘关系最近的亲属。
5　问：向。
6　准：两相抵充。

等候。这早晚¹窦秀才敢待²来也。

（冲末³扮窦天章，引正旦⁴扮端云上，诗云）读尽缥缃⁵万卷书，可怜贫杀⁶马相如⁷。汉庭一日承恩召，不说当垆说子虚。小生⁸姓窦，名天章，祖贯长安京兆人也。幼习儒业，饱有文章。争奈时运不通，功名未遂。不幸浑家⁹亡化已过，撇下这个女孩儿，小字端云。从三岁上亡了她母亲，如今孩儿七岁了也。小生一贫如洗，流落在这楚州居住。此间一个蔡婆婆，她家广有钱物；小生因无盘缠，曾借了她二十两银子，到今本利该对还她四十两。她数次问小生索取。教我把甚么还她？谁想蔡婆婆常常着人来说，要小生女孩儿做她儿媳妇。况如今春榜动，选场开¹⁰，正待上朝取应，又苦盘缠¹¹缺少。小生出于无奈，只得将女孩儿端云送与蔡婆婆做儿媳妇去。（做叹科，

1　早晚：元代常用的话语，因上下文不同，意思也会稍有差别，这里是指这个时候。

2　敢待："敢"有推测的意思，大概。敢待，指即将、快要。

3　冲末："末"是元杂剧的男性角色，如正末、副末、冲末、小末等。"冲"有首先的意思，冲末常是剧中最早上场的末角。

4　正旦："旦"是元杂剧的女性角色，如正旦、副旦、外旦等。正旦通常即为第一女主角。

5　缥缃：缥，青白色的丝织品；缃，浅黄色的丝织品。古人常用这两种丝织品做书套，缥缃就引申为珍贵的书籍。

6　贫杀："杀"同"煞"，"很"的意思，如俗话说的"穷死了"。

7　马相如：司马相如，他穷困的时候和妻子卓文君在小酒店垆边卖酒，后以《子虚赋》得到汉武帝的赏识。

8　小生：古时青年男子自称。

9　浑家：妻子。

10　春榜动，选场开：古时科举考试和发榜，常在春季举行。

11　盘缠：日常所需钱物，这里专指路费。

云）嗨！这哪里是做媳妇？分明是卖与她一般。就准了她那先借的四十两银子，分外但得些少东西，勾¹小生应举之费，便也过望了。说话之间，早来到她家门首。婆婆在家么？

（卜儿上，云）秀才，请家里坐，老身等候多时也。

（做相见科，窦天章云）小生今日一径的²将女孩儿送来与婆婆，怎敢说做媳妇，只与婆婆早晚使用。小生目下就要上朝进取功名去，留下女孩儿在此，只望婆婆看觑³则个⁴！

（卜儿云）这等，你是我亲家了。你本利少我四十两银子，兀的⁵是借钱的文书，还了你；再送与你十两银子做盘缠。亲家，你休嫌轻少。

（窦天章做谢科，云）多谢了婆婆！先少你许多银子，都不要我还了，今又送我盘缠，此恩异日必当重报。婆婆，女孩儿早晚⁶呆痴，看小生薄面，看觑女孩儿咱⁷！

（卜儿云）亲家，这不消⁸你嘱咐。令爱到我家，就做亲女儿一般看承他，你只管放心的去。

（窦天章云）婆婆，端云孩儿该打呵，看小生面则骂几句；当骂呵，则处分⁹几句。孩儿，你也不比在我跟前，我是你亲

1　勾：够。
2　一径的：一直地，直接地。
3　看觑：照顾。
4　则个：语尾助词，有时写成"者"或"着"。
5　兀的：这个。
6　早晚：这里是指平时、经常。
7　咱：同"者""着"。
8　不消：不必，不用，也写成"不索"。
9　处分：责备、批评。

爷，将就的你。你如今在这里，早晚[1]若顽劣呵，你只讨那打骂吃。儿，我也是出于无奈！（做悲科）（唱）[2]

【仙吕】【赏花时】我也只为无计营生四壁贫，因此上割舍得亲儿在两处分。从今日远践洛阳尘，又不知归期定准，则落的无语暗消魂。（下）

（卜儿云）窦秀才留下他这女孩儿与我做媳妇儿，他一径上朝应举去了。

（正旦做悲科，云）爹爹，你直下的[3]撇了我孩儿去也！

（卜儿云）媳妇儿，你在我家，我是亲婆，你是亲媳妇，只当自家骨肉一般。你不要啼哭，跟着老身前后执料[4]去来[5]。（同下）

【赏析】

《窦娥冤》有《古名家杂剧》、臧晋叔《元曲选》，及《酹江集》三种版本。经学者研究，《古名家杂剧》本文字较为质朴，被认为较接近原貌。《元曲选》版本经臧晋叔编选后流传

1　早晚：这里是指有时。
2　《窦娥冤》是旦本，由正旦饰演窦娥主唱，因这里是楔子，所以窦天章也可以唱。
3　直下的：真的、竟然；下的，有时写成"下得"，舍得、忍心。直下的，是指真的忍心。
4　执料：照料。
5　去来：去。"来"是语助词，如"了"。

最广，数百年间有关《窦娥冤》的研究都以此版为据，结构由一楔子加四折组成，脉络较为清楚；其中部分文字华丽，可能经过明人修改。

不过，《古名家杂剧》虽然词语朴素，但无楔子，尤其不称"折"而称"出"，可能也是明人改动痕迹，除非专门研究元杂剧的学者，一般读者可能会混淆不清。何况分段时有些错杂之处（如把第二折后半宾白曲文放进第三出），加上有些文句或身段动作的描述，也有可斟酌处（如窦天章将女儿托付给蔡婆时，《古名家杂剧》本窦天章有下跪动作，《元曲选》本与《酹江集》本则无，较为合理）。至于《酹江集》本，与《元曲选》本结构、文词、题目正名等，都大致相同或较为相近。考虑再三，本书仍选取大家最熟悉的《元曲选》版本。

楔子放在全剧最前面时，功用是总起全剧或交代背景。本剧楔子，是叙述窦天章无力偿还向蔡婆借的高利贷，只好把七岁的女儿端云送给蔡婆家当媳妇，额外又拿到蔡婆送他的路费，上京赶考。

第一折开始，蔡婆的儿子已经过世，家里是蔡婆和已经改名的窦娥两代寡妇，十三年的时间流转，借楔子和第一折的跳接，做了很好的区隔。

楔子里的高利贷这一条线继续在后面的剧情中发展，两代寡妇不事营生，就是靠放高利贷过活。而赛卢医也是因为还不起高利贷才恶向胆边生，决定勒死蔡婆，而引出张家父子救了蔡婆，并到蔡家居住，导致后续的冤狱。

楔子中另一个重要的暗示，是窦娥七岁时，因为父亲无法

偿债，被动地做了替罪羔羊。而后续整个剧本，更是婆婆引狼
入室后，发生毒杀事件，窦娥因为不忍婆婆受到刑求，主动成
为替罪羔羊，将命也舍了。两度成为无辜的献祭牺牲，她终于
不再沉默地听天由命，而是悲愤哀告，测试天地是否仍有正义
存在。

赶考中举的窦天章，则当了两淮提刑肃政廉访使，为女儿
平反冤狱。短短的一个楔子，意义丰富，是极为精彩的写作。

第一折

（净[1]扮赛卢医[2]上，诗云）行医有斟酌，下药依《本草》[3]。
死的医不活，活的医死了。自家姓卢，人道我一手好医，都
叫做赛卢医。在这山阳县南门开着生药局[4]。在城[5]有个蔡婆婆，
我问她借了十两银子，本利该还她二十两；数次来讨这银子，
我又无的还她。若不来便罢，若来呵，我自有个主意！我且在
这药铺中坐下，看有甚么人来。

（卜儿上，云）老身蔡婆婆。我一向搬在山阳县居住，尽

1　净：元杂剧角色，通常扮演奸恶狡猾、滑稽突梯之人，由戏份
多寡又分为净、副净。

2　赛卢医：赛，是赶得上、比得过的意思。卢医是指古代良医扁
鹊，因家住卢地，人称卢医。元杂剧常称庸医为赛卢医，是故意以反意
嘲讽、开玩笑。

3　《本草》：中国研究药物的书名。有《神农本草经》《唐本草》
《开宝本草》等。

4　生药局：中药店。

5　在城：本城。

也静办[1]。自十三年前窦天章秀才留下端云孩儿与我做儿媳妇，改了她小名，唤做窦娥。自成亲之后，不上二年，不想我这孩儿害弱症死了。媳妇儿守寡，又早三个年头，服孝将除[2]了也。我和媳妇儿说知，我往城外赛卢医家索钱去也。（做行科，云）蓦过隅头[3]，转过屋角，早来到他家门首。赛卢医在家么？

（卢医云）婆婆，家里来。

（卜儿云）我这两个银子长远了，你还了我罢。

（卢医云）婆婆，我家里无银子，你跟我庄上去取银子还你。

（卜儿云）我跟你去。

（做行科）

（卢医云）来到此处，东也无人，西也无人，这里不下手，等甚么？我随身带的有绳子。兀那[4]婆婆，谁唤你哩？

（卜儿云）在哪里？

（做勒卜儿科。孛老[5]同副净张驴儿冲上，赛卢医慌走下。孛老救卜儿科。）

1　静办：安静、清静。

2　服孝将除：亲人过世，生者为死者穿孝服守孝，称为服孝，服孝时间依彼此关系远近，时间有别。服孝将除，指孝期已满，结束守孝。

3　蓦过隅头："蓦"同"迈"，蓦过就是迈过、跨过、走过。隅是角落，隅头指墙角。

4　兀那："兀"是宋元习用的发语词，"兀那"就是"那"。

5　孛老：元杂剧称男性老人为孛老，义同老头。

（张驴儿云）爹，是个婆婆，争些[1]勒杀了。

（孛老云）兀那婆婆，你是哪里人氏？姓甚名谁？因甚着这个人将你勒死？

（卜儿云）老身姓蔡，在城人氏，止有个寡媳妇儿，相守过日。因为赛卢医少我二十两银子，今日与他取讨；谁想他赚[2]我到无人去处，要勒死我，赖这银子。若不是遇着老的和哥哥呵，哪得老身性命来！

（张驴儿云）爹，你听的她说么？她家还有个媳妇哩！救了她性命，她少不得要谢我。不若你要这婆子，我要她媳妇儿，何等两便？你和她说去。

（孛老云）兀那婆婆，你无丈夫，我无浑家，你肯与我做个老婆，意下如何？

（卜儿云）是何言语！待我回家，多备些钱钞相谢。

（张驴儿云）你敢[3]是不肯，故意将钱钞哄我？赛卢医的绳子还在，我仍旧勒死了你罢。（做拿绳科）

（卜儿云）哥哥，待我慢慢地寻思咱！

（张驴儿云）你寻思些甚？你随我老子，我便要你媳妇儿。

（卜儿背云[4]）我不依他，他又勒杀我。罢、罢、罢，你爷儿两个，随我到家中去来。（同下）

---

1 争些：差一点。

2 赚：欺骗。

3 敢：莫非、难道。

4 背云：戏曲中，演员背对其他角色说话，代表其内心思索。

（正旦上，云）妾身姓窦，小字端云，祖居楚州人氏。我三岁上亡了母亲，七岁上离了父亲。俺父亲将我嫁与蔡婆婆为儿媳妇，改名窦娥，至十七岁与夫成亲。不幸丈夫亡化，可早三年光景，我今二十岁也。这南门外有个赛卢医，他少俺婆婆银子，本利该二十两，数次索取不还。今日俺婆婆亲自索取去了。窦娥也，你这命好苦也呵！（唱）

【仙吕】【点绛唇】满腹闲愁，数年禁受[1]，天知否？天若是知我情由，怕不待和天瘦。

【混江龙】则问那黄昏白昼，两般儿忘餐废寝几时休？大都来[2]昨宵梦里，和着这今日心头。催人泪的是锦烂熳花枝横绣闼[3]，断人肠的是剔团圞[4]月色挂妆楼。长则是急煎煎按不住意中焦，闷沉沉展不彻眉尖皱，越觉的情怀冗冗[5]，心绪悠悠。

（云）似这等忧愁，不知几时是了[6]也呵！（唱）

【油葫芦】莫不是八字儿[7]该载着一世忧？谁似我无尽

1　禁受：忍耐、忍受。

2　大都来：算来。

3　绣闼："闼"是"门"，指绘有锦绣花枝的门。

4　剔团圞：剔有明亮透彻的意思；团圞是圆。剔团圞是形容圆圆的月亮光辉明亮透彻。

5　冗冗：杂乱、烦躁。

6　了：结束。

7　八字儿：指一个人出生时的年、月、日、时的干支，古人相信这四个干支的八个字，会影响一生的命运。

头！须知道人心不似水长流。我从三岁母亲身亡后，到七岁与父分离久。嫁的个同住人¹，他可又拔着短筹²；撇的俺婆妇每³都把空房守，端的个有谁问，有谁俅⁴？

【天下乐】莫不是前世里烧香不到头⁵，今也波生⁶招祸尤？劝今人早将来世修。我将这婆侍养，我将这服孝守，我言词须应口。

（云）婆婆索钱去了，怎生⁷这早晚不见回来？

（卜儿同孛老、张驴儿上）

（卜儿云）你爷儿两个且在门首，等我先进去。

（张驴儿云）妳妳⁸，你先进去，就说女婿在门首哩。

（卜儿见正旦科）

（正旦云）妳妳回来了。你吃饭么？

1　同住人：一起生活的人，通常指丈夫。

2　拔着短筹：筹是计数的竹签，上面刻着数字，有时也以数字大小占卜吉凶。拔着短筹，是指抽到数字较少的签，元杂剧中常用来形容短命或半途而废。

3　婆妇每："每"同"们"，婆媳们。

4　俅：后作"瞅"。理睬。

5　前世里烧香不到头：民间认为今世白头偕老的夫妇，前世曾经一起烧香，而且香是烧到底的。如果前世里烧香不到头，今生就无法白头偕老。

6　今也波生："也波"是句中衬字，不具意义，"今也波生"就是"今生"。

7　怎生：怎么。

8　妳妳：奶奶，对老年妇女的称呼，下文"妳妳"，是窦娥对婆婆的称呼。

（卜儿做哭科，云）孩儿也，你教我怎生说波[1]！（正旦唱）

【一半儿】为甚么泪漫漫不住点儿流？莫不是为索债与人家惹争斗？我这里连忙迎接慌问候，她那里要说缘由。（卜儿云）羞人答答的，教我怎生说波！（正旦唱）则见她一半儿徘徊一半儿丑。

（云）婆婆，你为甚么烦恼啼哭那？

（卜儿云）我问赛卢医讨银子去，他赚我到无人去处，行起凶来，要勒死我。亏了一个张老并他儿子张驴儿，救得我性命。那张老就要我招他做丈夫，因这等烦恼。

（正旦云）婆婆，这个怕不中[2]么！你再寻思咱：俺家里又不是没有饭吃，没有衣穿，又不是少欠钱债，被人催逼不过；况你年纪高大，六十以外的人，怎生又招丈夫那？

（卜儿云）孩儿也，你说的岂不是！但是我的性命全亏他这爷儿两个救的。我也曾说道：待我到家，多将[3]些钱物酬谢你救命之恩。不知他怎生知道我家里有个媳妇儿，道我婆媳妇又没老公，他爷儿两个又没老婆，正是天缘天对。若不随顺他，依旧要勒死我。那时节我就慌张了，莫说自己许了他，连你也许了他。儿也，这也是出于无奈。

（正旦云）婆婆，你听我说波。（唱）

1　波：语尾助词，吧。

2　不中：不行，不合适。

3　将：拿。

【后庭花】避凶神要择好日头，拜家堂要将香火修。梳着个霜雪般白鬏髻[1]，怎将这云霞般锦帕兜[2]？怪不的女大不中留[3]。你如今六旬左右，可不道[4]人到中年万事休！旧恩爱一笔勾，新夫妻两意投，枉教人笑破口！

（卜儿云）我的性命都是他爷儿两个救的，事到如今，也顾不得别人笑话了。（正旦唱）

【青哥儿】你虽然是得他、得他营救，须不是笋条[5]、笋条年幼，划的[6]便巧画蛾眉成配偶？想当初你夫主遗留，替你图谋，置下田畴，早晚羹粥，寒暑衣裘。满望你鳏寡孤独，无挨无靠，母子每到白头。公公也，则落得干生受[7]！

（卜儿云）孩儿也，他如今只待过门。喜事匆匆的，教我怎生回得他去？（正旦唱）

1　鬏髻：古代妇女头上套网的假发，是一种装饰性的假髻。

2　锦帕兜：锦帕是漂亮的头巾；兜，是罩住，盖住。古人结婚，新娘要用漂亮的头巾盖住头，婚礼后再由新郎将头巾取下。

3　女大不中留：原是说女孩子到结婚年龄，要让她出嫁，不要留在家中。这里用反语嘲讽蔡婆年纪已大，还要做新娘。

4　可不道：岂不知。

5　笋条：竹根所生的幼芽，比喻年轻。

6　划的：无缘无故地，平白地。

7　干生受：白受辛苦。

【寄生草】你道他匆匆喜，我替你倒细细愁：愁则愁兴阑删[1]咽不下交欢酒，愁则愁眼昏腾[2]扭不上同心扣，愁则愁意朦胧睡不稳芙蓉褥。你待要笙歌引至画堂前，我道这姻缘敢落在他人后[3]。

（卜儿云）孩儿也，再不要说我了。他爷儿两个都在门首等候，事已至此，不若连你也招了女婿罢！

（正旦云）婆婆，你要招你自招，我并然[4]不要女婿。

（卜儿云）那个是要女婿的？争奈他爷儿两个自家捱[5]过门来，教我如何是好？

（张驴儿云）我们今日招过门去也。帽儿光光，今日做个新郎；袖儿窄窄，今日做个娇客[6]。好女婿，好女婿，不枉了，不枉了。

（同孛老入拜科）

（正旦做不礼[7]科，云）兀那厮[8]，靠后！（唱）

【赚煞】我想这妇人每休信那男儿口。婆婆也，怕没的贞

1　兴阑删：阑删有时写成阑珊，兴阑删指提不起劲。
2　昏腾：模糊不清，迷迷糊糊。
3　敢落在他人后：可能要被人嘲笑。敢，指可能、大概。
4　并然：断然、绝对。
5　捱：靠。
6　娇客：女婿。
7　不礼：不理。
8　厮：男子的贱称，那"厮"就是"那家伙"。

心儿自守，到今日招着个村老子¹，领着个半死囚²。（张驴儿做嘴脸³科，云）你看我爷儿两个这等身段，尽⁴也选得女婿过，你不要错过了好时辰，我和你早些儿拜堂罢。（正旦不礼科，唱）则被你坑杀人燕侣莺俦。婆婆也，你岂不知羞！俺公公撞府冲州⁵，闹阘⁶的铜斗儿家缘⁷百事有。想着俺公公置就，怎忍教张驴儿情受⁸？（张驴儿做扯正旦拜科，正旦推跌科，唱）兀的不是俺没丈夫的妇女下场头！（下）

（卜儿云）你老人家不要恼躁。难道你有活命之恩，我岂不思量报你？只是我那媳妇儿气性最不好惹的，既是她不肯招你儿子，教我怎好招你老人家？我如今拼⁹的好酒好饭，养你爷儿两个在家，待我慢慢的劝化俺媳妇儿。待她有个回心转意，再作区处¹⁰。

（张驴儿云）这歪刺骨¹¹！便是黄花女儿¹²，刚刚扯的一把，

1　村老子：粗野的老头子。
2　半死囚：骂人的话，如俗话"要死的东西"。
3　做嘴脸：做出各种怪表情。
4　尽：很能够，很过得去。
5　撞府冲州："冲"同"冲"，走南闯北，到过许多地方。
6　闹阘：或作挣揣、挣侧，努力谋取。
7　铜斗儿家缘：比喻殷实、牢固不败的家产。
8　情受：承受、继承。
9　拼：豁出去。
10　区处：处理。
11　歪刺骨：贱骨头、泼辣，骂妇女的话。
12　黄花女儿：未婚女子、处女。

也不消这等使性，平空的推了我一交[1]，我肯干罢[2]！就当面赌个誓与你：我今生今世不要她做老婆，我也不算好男子！（词云）[3]美妇人我见过万千向外[4]，不似这小妮子生得十分惫赖[5]。我救了你老性命死里重生，怎割舍得不肯把肉身陪待？（同下）

【赏析】

元杂剧既是一人主唱，除了主角，配角都只能说白，这原本是限制，关汉卿却能突破限制，以道白和动作来塑造人物、推动剧情，将几位配角人物写得深刻生动，并在女主角窦娥还没上场前，就把她推到危险的境遇中。

第一折和楔子相隔十三年，蔡婆继续放高利贷为生。赛卢医因为还不起钱，当蔡婆来要债时，把蔡婆骗到荒僻处，想要勒死她。幸而张老、张驴儿经过，救了蔡婆一命。不过，原以为是贵人的张家父子，原来也不是什么好人，这在剧情上又是一个翻转，以为解除了赛卢医杀人的危险，马上又陷入新的危机中。因蔡婆言语不慎，张家父子得知蔡婆家中还有一位守寡媳妇，两人赖到蔡家居住，打算由张老娶蔡婆，张驴儿娶窦娥。蔡婆是懦弱的人，一方面感念救命之恩，一方面害怕再度招来杀身之祸，不免有些犹豫。

1　交：跤。

2　干罢：也写成“甘罢”，善罢甘休，算了的意思。

3　词云：元杂剧演出时，剧中人物下场前，以押韵的方式朗诵的句子。

4　向外：以上、更多。

5　惫赖：泼辣、赖皮、不讲理。

窦娥在完全不知自己已然身陷危境的情形下上场，她三岁丧母，七岁被父亲送给别人抵债，十七岁嫁了蔡婆之子，丈夫又早早亡故，她其实并不知道未来的生活能有什么希望，只能想成是自己八字不好、前世未修，消极地鼓励自己今生好好修行、好好孝顺婆婆。当她得知凭空跑出一对父子要娶婆婆和自己，简直大惊失色，又看到婆婆竟似有应允之意，慌乱中对婆婆说之以理、动之以情，甚至以超乎常情的言辞，愤怒地斥责、嘲讽婆婆，借着指责婆婆来加强自己的守节意图和道德概念。当一位年轻的寡妇嘲弄年老的寡妇想要改嫁的念头，是何等的荒诞和教人不忍。可是，张家父子还是住下来了，而且由于窦娥的反抗和拒斥，张驴儿发誓一定要将窦娥娶到手，本折结束时，已然山雨欲来风满楼了。

第二折

（赛卢医上，诗云）小子太医[1]出身，也不知道医死多人。何尝怕人告发，关了一日店门？在城有个蔡家婆子，刚少的她二十两花银，屡屡亲来索取，争些捻断脊筋[2]。也是我一时智短，将她赚到荒村，撞见两个不识姓名男子，一声嚷道："浪荡乾坤，怎敢行凶撒泼，擅自勒死平民！"吓得我丢了绳索，

1　太医：专为皇帝及皇家治病的机构，宋代称为太医局，元代称为太医院，在里头供职的医生称为太医，后来也引申为对一般医生的称呼。

2　捻断脊筋：捻断，即戳断，这里引申为指指戳戳。捻断脊筋是指在背后指指画画批评人。

放开脚步飞奔。虽然一夜无事，终觉失精落魂；方知人命关天关地，如何看做壁上灰尘？从今改过行业，要得灭罪修因。将以前医死的性命，一个个都与他一卷超度的经文[1]。小子赛卢医的便是。只为要赖蔡婆婆二十两银子，赚她到荒僻去处，正待勒死她，谁想遇见两个汉子，救了她去。若是再来讨债时节，教我怎生见她？常言道得好：三十六计，走为上计。喜得我是孤身，又无家小连累；不若收拾了细软行李，打个包儿，悄悄的躲到别处，另做营生，岂不干净！

（张驴儿上，云）自家张驴儿。可奈[2]那窦娥百般的不肯随顺我；如今那老婆子害病，我讨服毒药与她吃了，药死那老婆子，这小妮子好歹[3]做我的老婆。（做行科，云）且住，城里人耳目广，口舌多，倘见我讨毒药，可不嚷出事来？我前日看见南门外有个药铺，此处冷静，正好讨药。（做到科，叫云）太医哥哥，我来讨药的。

（赛卢医云）你讨什么药？

（张驴儿云）我讨服毒药。

（赛卢医云）谁敢合毒药与你？这厮好大胆也！

（张驴儿云）你真个不肯与[4]我药么？

（赛卢医云）我不与你，你就怎地我？

---

1 从"吓得我丢了绳索，放开脚步飞奔"到"一个个都与他一卷超度的经文"是押韵、类似说唱的文字，让无法演唱的配角，也有机会展现声音表演。

2 可奈：同"叵耐"，可恨。

3 好歹：无论如何。

4 与：给。

（张驴儿做拖卢云）好呀，前日谋死蔡婆婆的不是你来！你说我不认的你哩，我拖你见官去！

（赛卢医做慌科，云）大哥，你放我，有药，有药。

（做与药科，张驴儿云）既然有了药，且饶你罢。正是[1]：得放手时须放手，得饶人处且饶人。（下）

（赛卢医云）可不悔气[2]！刚刚讨药的这人，就是救那婆子的。我今日与了他这服毒药去了，以后事发，越越要连累我。趁早儿关上药铺，到涿州卖老鼠药去也。（下）

（卜儿上，做病伏几科）

（孛老同张驴儿上，云）老汉自到蔡婆婆家来，本望做个接脚[3]，却被她媳妇坚执不从。那婆婆一向收留俺爷儿两个在家同住，只说好事不在忙，等慢慢里劝转她媳妇；谁想那婆婆又害起病来。孩儿，你可曾算我两个的八字，红鸾天喜[4]几时到命哩？

（张驴儿云）要看甚么天喜到命！只赌本事[5]，做得去，自去做。

（孛老云）孩儿也，蔡婆婆害病好几日了，我与你去问

1　正是：戏曲演出时，剧中人下场前常会以"正是"二字，接念两句或四句对句。

2　悔气："悔"同"晦"，倒霉。

3　接脚：即接脚婿，前夫死后再招的丈夫。

4　红鸾天喜：红鸾，指红鸾星，命运中有红鸾星，主婚姻成就。天喜，指日支与月建相合的日子，如寅月逢戌日，卯月逢亥日，都是吉日。

5　只赌本事：只凭各自的能力、本事。

病波。

（做见卜儿问科，云）婆婆，你今日病体如何？

（卜儿云）我身子十分不快[1]哩。

（孛老云）你可想些什么吃？

（卜儿云）我思量些羊肚儿汤吃。

（孛老云）孩儿，你对窦娥说，做些羊肚儿汤与婆婆吃。

（张驴儿向古门[2]云）窦娥，婆婆想羊肚儿汤吃，快安排将来。

（正旦持汤上，云）妾身窦娥是也。有俺婆婆不快，想羊肚汤吃，我亲自安排了与婆婆吃去。婆婆也，我这寡妇人家，凡事也要避些嫌疑，怎好收留那张驴儿父子两个？非亲非眷的，一家儿同住，岂不惹外人谈议？婆婆也，你莫要背地里许了他亲事，连我也累做不清不洁的。我想这妇人心，好难保也呵！（唱）

【南吕】【一枝花】他则待一生鸳帐眠，哪里肯半夜空房睡；他本是张郎妇，又做了李郎妻。有一等[3]妇女每相随[4]，并不说家克计[5]，则打听些闲是非；说一会不明白打凤[6]的机关，

1　不快：不舒服。

2　古门：也称古门道、鬼门道，指舞台的上场门、下场门。

3　一等：一种。

4　相随：聚在一起。

5　家克计：持家之道。

6　打凤：和下文的"捞龙"都是安排圈套，让人中计的意思。

使了些调虚嚣[1]捞龙的见识[2]。

【梁州第七】这一个似卓氏般当垆涤器，这一个似孟光般举案齐眉[3]，说的来藏头盖脚多伶俐！道着难晓，做出才知。旧恩忘却，新爱偏宜；坟头上土脉犹湿，架儿上又换新衣。哪里有奔丧处哭倒长城[4]？哪里有浣纱时甘投大水[5]？哪里有上山来便化顽石[6]？可悲，可耻！妇人家直恁的无仁义。多淫奔，少志气，亏杀前人在那里，更休说本性难移。

（云）婆婆，羊肚儿汤做成了，你吃些儿波。

（张驴儿云）等我拿去。

（做接尝科，云）这里面少些盐醋，你去取来。（正旦下）

（张驴儿放药科）

（正旦上，云）这不是盐醋！

（张驴儿云）你倾下些。（正旦唱）

1　虚嚣：虚假。

2　见识：手段、伎俩。

3　孟光般举案齐眉：孟光是东汉学者梁鸿的妻子，夫妻相敬如宾，每次吃饭时，孟光都会把盛食物的托盘高举齐眉，以示尊敬，后来用以形容夫妻间彼此敬重。

4　奔丧处哭倒长城：民间传说，秦始皇时，万杞梁被征去修筑长城，其妻孟姜女送寒衣去给丈夫，谁知丈夫已死，孟姜女哭于城下，长城因而崩塌。

5　浣纱时甘投大水：春秋时，伍子胥从楚国逃往吴国，在江边碰到浣纱女子。浣纱女同情伍子胥的遭遇，给他饭吃。伍子胥告别时，请浣纱女不要泄露他的行踪，浣纱女为表明自己的诚意，投江而死。

6　上山来便化顽石：民间传说，有人被征调去从军，他的妻子到山上远望，盼着丈夫回来，日子久了，妻子竟化成石头，人称望夫石。

【隔尾】你说道少盐欠醋无滋味，加料添椒才脆美。但愿娘亲早痊济，饮羹汤一杯，胜甘露灌体，得一个身子平安到大来¹喜。

（孛老云）孩儿，羊肚汤有了不曾？

（张驴儿云）汤有了，你拿过去。

（孛老将汤云）婆婆，你吃些汤儿。

（卜儿云）有累你。（做呕科，云）我如今打呕，不要这汤吃了，你老人家吃罢。

（孛老云）这汤特做来与你吃的，便不要吃，也吃一口儿。

（卜儿云）我不吃了，你老人家请吃。

（孛老吃科）（正旦唱）

【贺新郎】一个道你请吃，一个道婆先吃，这言语听也难听，我可是气也不气！想他家与咱家有甚的亲和戚？怎不记旧日夫妻情意，也曾有百纵千随？婆婆也，你莫不为黄金浮世宝，白发故人稀，因此上把旧恩情，全不比新知契？则待要百年同墓穴，哪里肯千里送寒衣？

（孛老云）我吃下这汤去，怎觉昏昏沉沉的起来？（做倒科）

1　到大来："到大"是绝大，到，十分、非常的意思。"来"是语尾助词，没有实质意义。

（卜儿慌科，云）你老人家放精神着[1]，你扎挣[2]着些儿。（做哭科，云）兀的不是死了也！（正旦唱）

【斗虾蟆】空悲戚，没理会，人生死，是轮回。感着这般病疾，值着这般时势，可是风寒暑湿，或是饥饱劳役，各人症候自知。人命关天关地，别人怎生替得？寿数非干今世。相守三朝五夕，说甚一家一计？又无羊酒缎匹，又无花红财礼；把手为活过日，撒手如同休弃。不是窦娥忤逆，生怕旁人论议。不如听咱劝你，认个自家悔气，割舍的一具棺材停置，几件布帛收拾，出了咱家门里，送入他家坟地。这不是你那从小儿年纪指脚的夫妻[3]。我其实不关亲，无半点恓惶泪。休得要心如醉，意似痴，便这等嗟嗟怨怨，哭哭啼啼。

（张驴儿云）好也啰！你把我老子药死了，更待干罢[4]！
（卜儿云）孩儿，这事怎了也？
（正旦云）我有什么药在那里？都是他要盐醋时，自家倾在汤儿里的。（唱）

【隔尾】这厮搬调咱老母收留你，自药死亲爷待要唬吓谁？（张驴儿云）我家的老子，倒说是我做儿子的药死了，

1　放精神着：打起精神来。
2　扎挣：挣扎，用力支持的样子。
3　指脚的夫妻：结发夫妻。
4　干罢：同"甘罢"，甘心罢休。

人也不信。（做叫科，云）四邻八舍听着：窦娥药杀我家老子哩！（卜儿云）罢么，你不要大惊小怪的，吓杀我也！（张驴儿云）你可怕么？（卜儿云）可知怕哩。（张驴儿云）你要饶么？（卜儿云）可知要饶哩。（张驴儿云）你教窦娥随顺了我，叫我三声的的亲亲[1]的丈夫，我便饶了她。（卜儿云）孩儿也，你随顺了他罢。（正旦云）婆婆，你怎说这般言语！（唱）我一马难将两鞍鞴，想男儿在日曾两年匹配，却教我改嫁别人，其实做不得。

（张驴儿云）窦娥，你药杀了俺老子，你要官休？要私休？

（正旦云）怎生是官休？怎生是私休？

（张驴儿云）你要官休呵，拖你到官司，把你三推六问[2]！你这等瘦弱身子，当不过拷打，怕你不招认药死我老子的罪犯！你要私休呵，你早些与我做了老婆，倒也便宜了你。

（正旦云）我又不曾药死你老子，情愿和你见官去来。

（张驴儿拖正旦、卜儿下）

（净扮孤[3]引祗候[4]上，诗云）我做官人胜别人，告状来的要金银。若是上司当刷卷[5]，在家推病不出门。下官楚州太守桃

1　的的亲亲：即嫡嫡亲亲。

2　三推六问：三、六指多数。推，勘查；问，审讯。指反复审讯。

3　孤：元杂剧中的官员。

4　祗候：较高级的衙役。

5　刷卷：元代由肃政廉访使稽查所属各衙门处理狱讼的情形，以避免拖延或冤屈，称为刷照或刷卷。

杌是也。今早升厅坐衙¹，左右，喝撺厢²。（祗候吆喝科）

（张驴儿拖正旦、卜儿上，云）告状，告状！

（祗候云）拿过来。

（做跪见，孤亦跪科，云）请起。

（祗候云）相公，他是告状的，怎生跪着他？

（孤云）你不知道，但来告状的，就是我衣食父母。

（祗候吆喝科，孤云）哪个是原告？哪个是被告？从实
说来！

（张驴儿云）小人是原告张驴儿，告这媳妇儿，唤做窦
娥，合毒药下在羊肚汤儿里，药死了俺的老子。这个唤做蔡婆
婆，就是俺的后母。望大人与小人做主咱！

（孤云）是哪一个下的毒药？

（正旦云）不干小妇人事。

（卜儿云）也不干老妇人事。

（张驴儿云）也不干我事。

（孤云）都不是，敢是我下的毒药来？

（正旦云）我婆婆也不是他后母，他自姓张，我家姓蔡。我
婆婆因为与赛卢医索钱，被他赚到郊外勒死，我婆婆却得他爷
儿两个救了性命。因此我婆婆收留他爷儿两个在家养膳³终身，
报他的恩德。谁知他两个倒起不良之心，冒认婆婆做了接脚，

1　升厅坐衙：官员开庭审理案件。

2　喝撺厢：古代官员开庭审案的时候，衙役分列两厢，大声吆喝
壮威。

3　养膳：供养饭食。

要逼勒小妇人做他媳妇。小妇人元是有丈夫的，服孝未满，坚执不从。适值我婆婆患病，着小妇人安排羊肚汤儿吃。不知张驴儿哪里讨得毒药在身，接过汤来，只说少些盐醋，支转[1]小妇人，暗地倾下毒药。也是天幸，我婆婆忽然呕吐，不要汤吃，让与他老子吃；才吃的几口便死了，与小妇人并无干涉[2]。只望大人高恓明镜[3]，替小妇人做主咱！（唱）

【牧羊关】大人你明如镜，清似水，照妾身肝胆虚实。那羹本五味俱全，除了外百事不知。他推道尝滋味，吃下去便昏迷。不是妾讼庭上胡支对[4]，大人也，却教我平白地说甚的？

（张驴儿云）大人详情：她自姓蔡，我自姓张。她婆婆不招俺父亲接脚，她养我父子两个在家做什么？这媳妇儿年纪虽小，极是个赖骨顽皮[5]，不怕打的。

（孤云）人是贱虫，不打不招。左右，与我选大棍子打着！

（祗候打正旦，三次喷水科）

（正旦唱）

【骂玉郎】这无情棍棒教我捱不的。婆婆也，须是你自做

---

1 支转：借故打发走开。
2 干涉：关系。
3 明镜：比喻人能分辨是非，无所掩蔽，像明亮的镜子。
4 胡支对：随便应付，胡乱对答。
5 赖骨顽皮：极端刁钻无赖。

下，怨他谁？劝普天下前婚后嫁婆娘每，都看取我这般傍州例[1]。

【感皇恩】呀！是谁人唱叫扬疾[2]，不由我不魄散魂飞。恰消停，才苏醒，又昏迷。捱千般打拷，万种凌逼，一杖下，一道血，一层皮。

【采茶歌】打的我肉都飞，血淋漓，腹中冤枉有谁知！则我这小妇人毒药来从何处也？天那，怎么的覆盆不照太阳晖[3]！

（孤云）你招也不招？

（正旦云）委的不是小妇人下毒药来。

（孤云）既然不是，你与我打那婆子！

（正旦忙云）住、住、住，休打我婆婆。情愿我招了罢，是我药死公公来。

（孤云）既然招了，着她画了伏状[4]，将枷来枷上，下在死囚牢里去。到来日判个斩字，押付市曹[5]典刑[6]。

（卜儿哭科，云）窦娥孩儿，这都是我送了你性命。兀的不痛杀我也！（正旦唱）

1　傍州例：原指别的地方的判例，这里借用为例子、榜样。
2　唱叫扬疾：大声喊叫、吵吵闹闹。
3　覆盆不照太阳晖：盆口朝下盖在地上，阳光照不进去，指黑暗见不到阳光，比喻官府暗无天日。
4　伏状：承认罪状的供词。
5　市曹：商店集中的地区。
6　典刑：按法执刑，即处死。

【黄钟尾】我做了个衔冤负屈没头鬼，怎肯便放了你好色荒淫漏面贼[1]！想人心不可欺，冤枉事天地知，争到头，竟到底，到如今待怎的？情愿认药杀公公，与了招罪。婆婆也，我若是不死呵，如何救得你？（随祗候押下）

（张驴儿做叩头科，云）谢青天老爷做主！明日杀了窦娥，才与小人的老子报的冤。

（卜儿哭科，云）明日市曹中杀窦娥孩儿也，兀的不痛杀我也！

（孤云）张驴儿、蔡婆婆，都取保状，着随衙[2]听候。左右，打散堂鼓[3]，将马来，回私宅去也。（同下）

【赏析】

本折内容是张驴儿想以毒药毒死蔡婆，以使窦娥孤苦无依，只好嫁给自己，却阴错阳差毒死自己的父亲张老。张驴儿更借此威胁，说是窦娥下毒，若窦娥愿意随顺，万事皆休，如若不然，便要去见官。窦娥自认不曾下毒，便与张驴儿、蔡婆一起到官府折辩。不料州官昏庸，对窦娥一阵严刑拷打，窦娥还是坚称无罪，州官便要拷打蔡婆。窦娥恐蔡婆年纪已大，受刑不起，只好屈认了毒死公公，当下判定死刑，次日就将押赴

1　漏面贼：不顾廉耻的贼人。
2　随衙：到衙门中候审。
3　散堂鼓：宣告官员退衙时的击鼓声。

市曹典刑，窦娥再度成为替罪羔羊。

这一折的排场分成三个部分，包括张驴儿到赛卢医店中购买毒药、张老在蔡婆家喝下掺有毒药的羊肚汤，以及公堂。购买毒药，兹事体大，张驴儿不敢在大街热闹处购买，特意到日前经过的南门外小药局，一去，认出店主赛卢医正是勒杀蔡婆未遂的犯人，于是恐吓要报官，顺利取得毒药。在此，作者一开始安排赛卢医是医生身份的效果就达到了，场上既不必再出现另一位卖药的医生，也因张驴儿的恐吓，使毒药取得的过程"合理化"了。

蔡婆身体不舒服，张家父子去探病，蔡婆想吃羊肚汤，给了张驴儿下毒的机会。窦娥把羊肚汤做好，端给蔡婆时，张驴儿趁机倒进毒药，蔡婆正要吃，忽然觉得想吐，推给张老吃。窦娥看两人推来推去，状似恩爱，心中气愤，在一旁自言自语，细数古代贞节妇女来讥嘲蔡婆，即使张老中毒身亡，她的道德意识还是超过同情心，并没有难过或掉泪；和张驴到公堂时，她也还相信官员清如水明如镜，会替自己做主。

在此同时，关汉卿以夸张笔法，描写了官员昏聩的面目："我做官人胜别人，告状来的要金银。"看到犯人时，官员自己倒跪下："但来告状的，就是我的衣食父母。"还没开始审案，读者及观众已经知道窦娥在劫难逃了。果然，"祗候打正旦，三次喷水科"，突如其来的刑罚"一杖下，一道血，一层皮"，窦娥一如众多百姓所借以在卑微的生活中信赖的天地慈悯、人间公义都在霎时崩毁，"怎么的覆盆不照太阳晖"！

愤怒之余，窦娥还是不肯妥协，但昏官识透窦娥的弱点，决定拷打蔡婆。窦娥被父亲抛弃后，甚至丈夫过世后，十多年来与婆婆相互依倚，怎忍心让婆婆受到酷刑，窦娥的一念之爱胜过满腔愤怒，她决定冤屈认罪。她并不是屈服于官衙的黑暗，而是因孝爱之心消弭了她心中对婆婆这一向来的芥蒂，自我选择了冤罪。窦娥从坚持原则、相信正义的愤怒女子，当下变为温暖宽容的光辉形象，正是这一点，打动当时及日后的千千万万观众与读者，也使她在下一折的激烈誓愿可以震动天地。

本折选用的是南吕宫调，以两支【隔尾】区别了吃羊肚汤前后，及张老死前死后的场面。【隔尾】原本就有承先启后的作用，关汉卿在此对音乐曲牌的配置是相当精彩的。而窦娥被刑求时，关汉卿又以【骂玉郎】【感皇恩】【采茶歌】三支曲牌形成的"带过曲"方式，一气呵成，这也是阅读时不宜忽略的。

第三折

（外[1]扮监斩官上，云）下官[2]监斩官是也。今日处决[3]犯人，着做公的[4]把住巷口，休放往来人闲走。

1　外：元杂剧角色有外末、外旦、外净，是正末、正旦、正净之外，又一个末、旦、净。其中以外末最常见，如果只称"外"，通常指外末。

2　下官：官吏自称的谦辞。

3　处决：依法执行死刑。

4　做公的：官衙中衙役皂隶的总称。

（净扮公人鼓三通[1]、锣三下科。刽子磨旗[2]、提刀，押正旦带枷上。）

（刽子云）行动些，行动些，监斩官去法场[3]上多时了！（正旦唱）

【正宫】【端正好】没来由犯王法，不隄防[4]遭刑宪[5]，叫声屈动地惊天！顷刻间游魂先赴森罗殿[6]，怎不将天地也生埋怨？

【滚绣球】有日月朝暮悬，有鬼神掌着生死权，天地也，只合[7]把清浊分辨，可怎生糊突了盗跖、颜渊[8]？为善的受贫穷更命短，造恶的享富贵又寿延。天地也，做得个怕硬欺软，却元来也这般顺水推船。地也，你不分好歹何为地？天也，你错勘[9]贤愚枉做天！哎，只落得两泪涟涟。

（刽子云）快行动些，误了时辰也。（正旦唱）

1　三通：三遍。

2　磨旗：挥动旗子。

3　法场：执行死刑的地方。

4　不隄防："隄"也写成"提"或"堤"，没有小心防备的意思。

5　刑宪：刑法。

6　森罗殿：民间传说阴间最高的统治者是阎罗王，阎罗王办公审案的地方叫森罗殿或阎罗殿。

7　合：应该。

8　糊突了盗跖、颜渊：糊突，同糊涂，分不清楚。盗跖和颜渊都是春秋时期鲁国人。盗跖是当时有名的大盗；颜渊则是孔子学生中的贤者。本句是说糊涂得分不清楚好人坏人。

9　勘：调查，核实。

【倘秀才】则被这枷纽[1]的我左侧右偏，人拥的我前合后偃，我窦娥向哥哥行[2]有句言。（刽子云）你有甚么话说？（正旦唱）前街里去心怀恨，后街里去死无冤，休推辞路远。

（刽子云）你如今到法场上面，有甚么亲眷要见的，可教他过来，见你一面也好。（正旦唱）

【叨叨令】可怜我孤身只影无亲眷，则落的吞声忍气空嗟怨。（刽子云）难道你爷娘家也没的？（正旦云）止有个爹爹，十三年前上朝取应去了，至今杳无音信。（唱）早已是十年多不睹爹爹面。（刽子云）你适才[3]要我往后街里去，是甚么主意？（正旦唱）怕则怕前街里被我婆婆见。（刽子云）你的性命也顾不得，怕他见怎的？（正旦云）俺婆婆若见我披枷带锁赴法场餐刀[4]去呵，（唱）枉将他气杀也么哥[5]，枉将他气杀也么哥！告[6]哥哥，临危好与人行方便。

（卜儿哭上科，云）天那，兀的不是我媳妇儿！

1　纽：同"扭"，这里形容走路时身体摇摆转动。

2　哥哥行：宋元人语言，常在自称和人称下面接"行"字，哥哥行就是哥哥这里、哥哥跟前的意思。

3　适才：刚才。

4　餐刀：吃一刀，被砍头的意思。

5　也么哥：语尾助词，有声无义，属于【叨叨令】的正格，凡唱【叨叨令】，倒数二、三两句的结尾，一定是"也么哥"。

6　告：请求。

（刽子云）婆子靠后！

（正旦云）既是俺婆婆来了，叫她来，待我嘱咐她几句话咱。

（刽子云）那婆子，近前来，你媳妇要嘱咐你话哩。

（卜儿云）孩儿，痛杀我也！

（正旦云）婆婆，那张驴儿把毒药放在羊肚儿汤里，实指望药死了你，要霸占我为妻。不想婆婆让与他老子吃，倒把他老子药死了。我怕连累婆婆，屈招了药死公公，今日赴法场典刑。婆婆，此后遇着冬时年节，月一十五，有瀽¹不了的浆水饭²，瀽半碗儿与我吃；烧不了的纸钱，与窦娥烧一陌儿³。则是看你死的孩儿面上！（唱）

【快活三】念窦娥葫芦提⁴当罪愆⁵，念窦娥身首不完全，念窦娥从前已往干家缘⁶。婆婆也，你只看窦娥少爷无娘面。

【鲍老儿】念窦娥服侍婆婆这几年，遇时节⁷将碗凉浆奠；你去那受刑法尸骸上烈⁸些纸钱，只当把你亡化的孩儿荐⁹。（卜儿哭科，云）孩儿放心，这个老身都记得。天哪，兀的不痛杀

1　瀽：泼、倒。

2　浆水饭：稀粥、米汤。

3　一陌儿："陌"通"百"，又作"佰"，是一百张或一串的意思。

4　葫芦提：糊里糊涂，不明不白。

5　当罪愆：当，承当；罪愆，罪过。

6　干家缘：操持家务。

7　时节：指逢年过节。

8　烈：烧化。

9　荐：追荐，举行佛教或道教仪式，以求死去的鬼魂升天。

我也！（正旦唱）婆婆也，再也不要啼啼哭哭，烦烦恼恼，怨气冲天。这都是我做窦娥的没时没运，不明不暗，负屈衔冤。

（刽子做喝科，云）兀那婆子靠后，时辰到了也。

（正旦跪科）

（刽子开枷科）

（正旦云）窦娥告监斩大人，有一事肯依窦娥，便死而无怨。

（监斩官云）你有甚么事？你说。

（正旦云）要一领净席，等我窦娥站立；又要丈二白练[1]，挂在旗枪[2]上。若是我窦娥委实冤枉，刀过处头落，一腔热血休半点儿沾在地下，都飞在白练上者。

（监斩官云）这个就依你，打甚么不紧[3]。

（刽子做取席站科，又取白练挂旗上科）（正旦唱）

【耍孩儿】不是我窦娥罚下[4]这等无头愿[5]，委实的冤情不浅；若没些儿灵圣与世人传，也不见得湛湛青天。我不要半星热血红尘洒，都只在八尺旗枪素练悬。等他四下里皆瞧见，这就是

1　白练：白色的丝织品。

2　旗枪：古代旗杆上有扎枪形的装饰物，这里指旗杆。

3　打甚么不紧：有什么要紧，有什么关系。

4　罚下：发下。

5　无头愿：以头颅相拼的誓愿。

咱苌弘化碧 ¹，望帝啼鹃 ²。

（刽子云）你还有甚的说话？此时不对监斩大人说，几时说那？

（正旦再跪科，云）大人，如今是三伏天道 ³，若窦娥委实冤枉，身死之后，天降三尺瑞雪，遮掩了窦娥尸首。

（监斩官云）这等三伏天道，你便有冲天的怨气，也召不得一片雪来，可不胡说！（正旦唱）

【二煞】你道是暑气暄，不是那下雪天；岂不闻飞霜六月因邹衍 ⁴？若果有一腔怨气喷如火，定要感的六出冰花 ⁵ 滚似绵，免着我尸骸现；要什么素车白马 ⁶，断送 ⁷ 出古陌荒阡！

（正旦再跪科，云）大人，我窦娥死得委实冤枉，从今以

1　苌弘化碧：苌弘是周朝的大夫；碧是青绿色的玉石。神话传说苌弘含冤被杀后，蜀人把他的血收藏起来，三年后变成青绿色的玉石。

2　望帝啼鹃：神话传说蜀国的国君杜宇，又称望帝，让位给臣子，自己躲到深山里，死后魂魄化为杜鹃鸟，日夜啼鸣，声音凄切。

3　三伏天道：每年夏至之后第三个庚日为初伏，第四个庚日为中伏，立秋后第一个庚日为末伏，是全年最热的时候。天道是天气。

4　飞霜六月因邹衍：传说战国时邹衍对燕王很忠心，却遭诬陷下狱，他仰天大哭，六月天竟然下起霜来，后来常借用指称冤狱。

5　六出冰花：雪花。雪的结晶体多为六瓣，又称六出花。

6　素车白马：东汉范式和张劭为好友，张劭过世，范式全身缟素，乘白马白车去祭吊，后来以素车白马泛指吊丧和送葬。

7　断送：葬送，这里指送出。

后，着这楚州亢旱[1]三年！

（监斩官云）打嘴！那有这等说话！（正旦唱）

【一煞】你道是天公不可期，人心不可怜，不知皇天也肯从人愿。做甚么三年不见甘霖降？也只为东海曾经孝妇冤[2]，如今轮到你山阳县。这都是官吏每无心正法，使百姓有口难言！

（刽子做磨旗科，云）怎么这一会儿天色阴了也？
（内做风科，刽子云）好冷风也！（正旦唱）

【煞尾】浮云为我阴，悲风为我旋，三桩儿誓愿明题遍。（做哭科，云）婆婆也，直等待雪飞六月，亢旱三年呵。（唱）那其间才把你个屈死的冤魂这窦娥显！

（刽子做开刀，正旦倒科）
（监斩官惊云）呀，真个下雪了，有这等异事！
（刽子云）我也道平日杀人，满地都是鲜血，这个窦娥的

1　亢旱：大旱。
2　东海曾经孝妇冤：民间传说东海地区有寡妇周青，非常孝顺婆婆，婆婆因年老不想再连累媳妇，自缢身亡。小姑上告周青杀死婆婆，官府误判，将周青处死。临刑，周青指着身旁长竿说，如果我有罪，被杀之后血往下流；如果冤枉，血就顺着长竿倒流上去。被杀后，血果然倒流而上，之后东海一带大旱三年，一直到官员于定国帮她平反，当地才再度下雨。

血都飞在那丈二白练上，并无半点落地，委实奇怪。

（监斩官云）这死罪必有冤枉。早两桩儿应验了，不知亢旱三年的说话，准也不准？且看后来如何。左右，也不必等待雪晴，便与我抬她尸首，还了那蔡婆婆去罢。（众应科，抬尸下）

【赏析】

本折是全剧最激动人心的一折，关汉卿以曲文呈现强烈的情感，示范了中国文学抒情传统的写作特质。一开始先以肃杀的锣鼓营造气氛，完成法场准备工作后，窦娥上场游街示众，与婆婆死别；然后进入法场，行刑前发下三桩冤愿，以及誓愿的证验。

含冤赴死，当然是极度悲愤的，于是窦娥不免埋怨天地，如果天地有情，不是应该分辨清浊，善恶分明吗？为什么自古以来，就不断发生让人遗憾的事，难道老天也怕权奸，只敢在弱势的人们头上逞威严吗？在怀疑天道是否存在之际，窦娥尖锐地指责："地也，你不分好歹何为地？天也，你错勘贤愚枉做天！"

就在内心崩溃的时刻，和婆婆在死前游街的路上相逢，窦娥回到无助的幼女身份，惨凄地哀告等自己死后，过年过节时，婆婆能到坟上泼一碗凉浆，烧一串纸钱，追荐徘徊黄泉的孤魂。二十岁的青春女子，能提出的愿望竟只有这些。骂也骂了，哭也哭了，她转而向上天索求正义。

怀疑是肯定的另一种方式，正因为相信，才有怀疑，才有抱怨，此刻窦娥要上天借着自己的冤罪，展现仁爱与公理。她索求的神迹，一腔热血都飞在白练之上，是高悬彰明，昭示警戒；六月飞雪，是对燥热喧嚣的红尘的全面清洗，以清净的瑞雪覆盖所有的狂暴、奸孽和冤罪；而大旱更强调了对道德和正义的匮缺与渴求，若不能平反冤情，再现公义，这共犯结构的世间，也无人可以幸免于灾愆之外。

　　本折音乐一开始选择了悲慨惆怅的正宫曲调，到【叨叨令】的"枉将他气杀也么哥，枉将他气杀也么哥"，情绪推到极致，接下来以借宫手法，转为音域跨度较大的中吕宫。元杂剧虽然一折以一宫调为主，但还是可配合剧情借宫转调的。窦娥和蔡婆对话的中吕宫两支曲牌【快活三】【鲍老儿】，既低回婉转，又惨怛如深夜猿啼。发愿时，音乐再变，转为曲情顿挫明显的般涉调，以【要孩儿】【二煞】【一煞】【煞尾】作结，即使不谙元曲音乐的读者，也可从曲牌名称和曲中文字意会到节奏紧凑的特性，更何况在剧场听到演唱时，想必更是紧张激越，热耳酸心。

第四折

　　（窦天章冠带[1]引丑[2]张千、祗从[3]上，诗云）独立空堂思黯然，高峰月出满林烟。非关有事人难睡。自是惊魂夜不眠。老

　　1　冠带：穿着朝服。

　　2　丑：戏曲角色名，扮演滑稽或奸恶的人物。最初北杂剧称"净"，南戏称"丑"。现存元杂剧剧本也出现丑字，有些是南北交流后混用，有些则是经过明人更动。

　　3　祗从：随从。

夫窦天章是也。自离了我那端云孩儿，可早十六年光景。老夫
自到京师，一举及第，官拜参知政事。只因老夫廉能清正，节
操坚刚，谢圣恩可怜[1]，加老夫两淮提刑肃政廉访使[2]之职，随
处审囚刷卷，体察滥官污吏，容老夫先斩后奏。老夫一喜一
悲：喜呵，老夫身居台省[3]，职掌刑名，势剑金牌[4]，威权万里；
悲呵，有端云孩儿，七岁上与了蔡婆婆为儿媳妇。老夫自得官
之后，使人往楚州问蔡婆婆家。他邻里街坊道：自当年蔡婆婆
不知搬在哪里去了，至今音信皆无。老夫为端云孩儿，啼哭的
眼目昏花，忧愁的须发斑白。今日来到这淮南地面，不知这楚
州为何三年不雨？老夫今在这州厅安歇。张千，说与那州中大
小属官，今日免参[5]，明日早见。

（张千向古门云）一应大小属官：今日免参，明日早见。

（窦天章云）张千，说与那六房[6]吏典[7]：但有合刷照文卷，
都将来，待老夫灯下看几宗波。（张千送文卷科）

1　可怜：此处是喜爱、看重的意思。
2　提刑肃政廉访使：官名。元代在各"道"都设有提刑按察使，
至元二十八年（1291年）改为提刑肃政廉访使，负责纠察该道的官吏
善恶、政治得失和刑狱等事。江北淮东提刑肃政廉访使司迁往扬州，
则在至元二十九年（1292年），学者据此推论本剧的写作时间，应该在
此之后。
3　台省：中央政府。
4　势剑金牌：势剑，皇帝赐的剑，如尚方宝剑。金牌，是武官所
佩、以黄金或镀金打造的虎符，代表地位和权势很大。
5　参：下级官吏依一定礼节，去谒见上级官吏。
6　六房；元代各级政府，分为吏、户、礼、兵、刑、工等六个
部门，分掌政务。
7　吏典：衙门里的低级官吏。

（窦天章云）张千，你与我掌上灯。你们都辛苦了，自去歇息罢。我唤你便来，不唤你休来。（张千点灯，同祗从下）

（窦天章云）我将这文卷看几宗咱。"一起犯人窦娥，将毒药致死公公。……"我才看头一宗文卷，就与老夫同姓；这药死公公的罪名，犯在十恶不赦[1]。俺同姓之人，也有不畏法度的。这是问结[2]了文书，不看他罢。我将这文卷压在底下，别看一宗咱。（做打呵欠科，云）不觉的一阵昏沉上来，皆因老夫年纪高大，鞍马劳困之故。待我搭伏定[3]书案，歇息些儿咱。（做睡科）（魂旦[4]上，唱）

【双调】【新水令】我每日哭啼啼守住望乡台[5]，急煎煎把仇人等待，慢腾腾昏地里走，足律律[6]旋风中来。则被这雾锁云埋，撺掇[7]的鬼魂快。

（魂旦望科，云）门神户尉不放我进去。我是廉访使窦天章女孩儿。因我屈死，父亲不知，特来托一梦与他咱。（唱）

1　十恶不赦：元代十种不能免罪的罪状：不孝、不睦、谋反、谋叛、大逆、恶逆、不义、内乱、不道、大不敬。

2　问结：已经审完、定案。

3　搭伏定：趴在。

4　魂旦：扮演女鬼的角色。

5　望乡台：传说中阴间有座望乡台，人死后可在此看见家乡的一切。

6　足律律：形容鬼魂在风中急走的声音。

7　撺掇：催促。

【沉醉东风】我是那提刑的女孩，须不比现世的妖怪。怎不容我到灯影前，却拦截在门棖¹外？（做叫科，云）我那爷爷呵，（唱）枉自有势剑金牌，把俺这屈死三年的腐骨骸，怎脱离无边苦海？（做入见哭科，窦天章亦哭科，云）端云孩儿，你在哪里来？（魂旦虚下）

（窦天章做醒科，云）好是奇怪也！老夫才合眼去，梦见端云孩儿，恰便似来我跟前一般；如今在哪里？我且再看这文卷咱。（魂旦上，做弄灯科）

（窦天章云）奇怪，我正要看文卷，怎生这灯忽明忽灭的？张千也睡着了，我自己剔灯²咱。（做剔灯，魂旦翻文卷科）

（窦天章云）我剔的这灯明了也，再看几宗文卷。"一起犯人窦娥，药死公公。……"（做疑怪科，云）这一宗文卷，我为头³看过，压在文卷底下，怎生又在这上头？这几时问结了的，还压在底下，我别看一宗文卷波。（魂旦再弄灯科）

（窦天章云）怎么这灯又是半明半暗的？我再剔这灯咱。（做剔灯，魂旦再翻文卷科）

（窦天章云）我剔的这灯明了，我另拿一宗文卷看咱。"一起犯人窦娥，药死公公。……"吓！好是奇怪！我才将这文书分明压在底下，刚剔了这灯，怎生又翻在面上？莫不是楚州后厅里有鬼么？便无鬼呵，这桩事必有冤枉。将这文卷再压

1　门棖：门槛、门限。

2　剔灯：挑灯，以镊子等物，把燃烧过的灯草除掉。

3　为头：先前。

在底上，待我另看一宗如何？（魂旦又弄灯科）

（窦天章云）怎么这灯又不明了，敢有鬼弄这灯？我再剔一剔去。（做剔灯科，魂旦上，做撞见科，窦天章举剑击桌科，云）呸！我说有鬼！兀那鬼魂：老夫是朝廷钦差，带牌走马[1]肃政廉访使。你向前来，一剑挥之两段。张千，亏你也睡得着！快起来，有鬼，有鬼。兀的不吓杀老夫也！（魂旦唱）

【乔牌儿】则见他疑心儿胡乱猜，听了我这哭声儿转惊骇。哎，你个窦天章直恁的威风大，且受你孩儿窦娥这一拜。

（窦天章云）兀那鬼魂，你道窦天章是你父亲，受你孩儿窦娥拜。你敢错认了也？我的女儿叫做端云，七岁上与了蔡婆婆为儿媳妇。你是窦娥，名字差了，怎生是我女孩儿？

（魂旦云）父亲，你将我与了蔡婆婆家，改名做窦娥了也。

（窦天章云）你便是端云孩儿？我不问你别的，这药死公公是你不是？

（魂旦云）是你孩儿来。

（窦天章云）噤声[2]！你这小妮子，老夫为你啼哭的眼也花了，忧愁的头也白了，你划地犯下十恶大罪，受了典刑！我今日官居台省，职掌刑名，来此两淮审囚刷卷，体察滥官污吏；

---

1 带牌走马：带牌，佩戴金牌。走马是指肃政廉访使有使用驿站马匹的特权。

2 噤声：住口。

你是我亲生之女，老夫将你治不得，怎治他人？我当初将你嫁与他家呵，要你三从四德。三从者：在家从父，出嫁从夫，夫死从子；四德者：事公姑，敬夫主，和妯娌，睦街坊。今三从四德全无，划地犯了十恶大罪。我窦家三辈无犯法之男，五世无再婚之女；到今日被你辱没祖宗世德，又连累我的清名。你快与我细吐真情，不要虚言支对。若说的有半厘差错，牒发[1]你城隍祠内，着你永世不得人身；罚在阴山，永为饿鬼。

（魂旦云）父亲停嗔息怒，暂罢狼虎之威，听你孩儿慢慢的说一遍咱。我三岁上亡了母亲，七岁上离了父亲。你将我送与蔡婆婆做儿媳妇，至十七岁与夫配合。才得两年，不幸儿夫亡化，和俺婆婆守寡。这山阳县南门外有个赛卢医，他少俺婆婆二十两银子。俺婆婆去取讨，被他赚到郊外，要将婆婆勒死；不想撞见张驴儿父子两个，救了俺婆婆性命。那张驴儿知道我家有个守寡的媳妇，便道："你婆儿媳妇既无丈夫，不若招我父子两个。"俺婆婆初也不肯，那张驴儿道："你若不肯，我依旧勒死你。"俺婆婆惧怕，不得已含糊许了，只得将他父子两个领到家中，养他过世[2]。有张驴儿数次调戏你女孩儿，我坚执不从。那一日俺婆婆身子不快，想羊肚儿汤吃。你孩儿安排了汤。适值张驴儿父子两个问病，道："将汤来我尝一尝。"说："汤便好，只少些盐醋。"赚的我去取盐醋，他就暗地里下了毒药。实指望药杀俺婆婆，要强逼我成亲。不想俺婆婆偶然

1　牒发：以公文递解、押送。
2　过世：离开人世。

发呕，不要汤吃，却让与老张吃，随即七窍流血药死了。张驴儿便道："窦娥药死了俺老子，你要官休要私休？"我便道："怎生是官休？怎生是私休？"他道："要官休，告到官司，你与俺老子偿命；若私休，你便与我做老婆。"你孩儿便道："好马不鞴双鞍，烈女不更二夫。我至死不与你做媳妇，我情愿和你见官去。"他将你孩儿拖到官中，受尽三推六问，吊拷绷扒[1]，便打死孩儿，也不肯认。怎当州官见你孩儿不认，便要拷打俺婆婆；我怕婆婆年老，受刑不起，只得屈认了。因此押赴法场，将我典刑。你孩儿对天发下三桩誓愿：第一桩，要丈二白练挂在旗枪上，若系冤枉，刀过头落，一腔热血休滴在地下，都飞在白练上。第二桩，现今三伏天道，下三尺瑞雪，遮掩你孩儿尸首。第三桩，着他楚州大旱三年。果然血飞上白练，六月下雪，三年不雨，都是为你孩儿来。（诗云）不告官司只告天，心中怨气口难言。防他老母遭刑宪，情愿无辞认罪愆。三尺琼花[2]骸骨掩，一腔热血练旗悬；岂独霜飞邹衍屈，今朝方表窦娥冤。（唱）

【雁儿落】你看这文卷曾道来不道来，则我这冤枉要忍耐如何耐？我不肯顺他人，倒着我赴法场；我不肯辱祖上，倒把我残生坏。

1　吊拷绷扒：古时酷刑。吊拷，把人吊起来拷打。绷扒，把人用绳子捆绑后，使其趴伏在地。

2　琼花：雪花。琼本是美玉，形容雪的洁白晶莹。

【得胜令】呀，今日个搭伏定摄魂台¹，一灵儿²怨哀哀。父亲也，你现拿着刑名事，亲蒙圣主差。端详这文册，那厮乱纲常当合败³。便万剐⁴了乔才⁵，还道报冤雠不畅怀！

（窦天章做泣科，云）哎，我那屈死的儿，则被你痛杀我也！我且问你：这楚州三年不雨，可真个是为你来？

（魂旦云）是为你孩儿来。

（窦天章云）有这等事！到来朝，我与你做主。（诗云）白头亲苦痛哀哉，屈杀了你个青春女孩。只恐怕天明了，你且回去，到来日我将文卷改正明白。（魂旦暂下）

（窦天章云）呀，天色明了也。张千，我昨日看几宗文卷，中间有一鬼魂来诉冤枉。我唤你好几次，你再也不应，直恁的好睡那？

（张千云）我小人两个鼻子孔一夜不曾闭，并不听见女鬼诉什么冤状，也不曾听见相公呼唤。

（窦天章做叱科，云）退！今早升厅坐衙，张千，喝撺厢者。

（张千做吆喝科，云）在衙人马平安！抬书案⁶！（禀云）

1　摄魂台：传说中东岳大帝管辖，拘管鬼魂的地方。

2　一灵儿：指游魂。

3　当合败：应该要败露了。

4　万剐：剐是指把肉一刀一刀从骨头上剔下来。万是形容多。万剐即为凌迟，古代的酷刑。

5　乔才：坏家伙。

6　在衙人马平安！抬书案：官员升厅坐衙时，衙役按仪式吆喝的话，元杂剧中常见。

州官见。

（外扮州官入参科）

（张千云）该房吏典见。（丑扮吏入参见科）

（窦天章问云）你这楚州一郡，三年不雨，是为着何来？

（州官云）这个是天道亢旱，楚州百姓之灾，小官等不知其罪。

（窦天章做怒云）你等不知罪么？那山阳县，有用毒药谋死公公犯妇窦娥，她问斩之时曾发愿道："若是果有冤枉，着你楚州三年不雨，寸草不生。"可有这件事来？

（州官云）这罪是前升任桃州守问成的，现有文卷。

（窦天章云）这等糊涂的官，也着他升去！你是继他任的，三年之中，可曾祭这冤妇么？

（州官云）此犯系[1]十恶大罪，元不曾有祠，所以不曾祭得。

（窦天章云）昔日汉朝有一孝妇守寡，其姑自缢身死，其姑女告孝妇杀姑，东海太守将孝妇斩了。只为一妇含冤，致令三年不雨。后于公治狱，仿佛见孝妇抱卷哭于厅前。于公将文卷改正，亲祭孝妇之墓，天乃大雨。今日你楚州大旱，岂不正与此事相类？张千，分付该房签牌[2]下山阳县，着拘张驴儿、赛卢医、蔡婆婆一起人犯，火速解审，毋得违误片刻者。

（张千云）理会得。（下）

（丑扮解子[3]，押张驴儿、蔡婆婆同张千上。禀云）山阳县

1　系：是。

2　签牌：牌，政府发的公文。签牌指签发公文。

3　解子：押解犯人的公差。

解到审犯听点[1]。

（窦天章云）张驴儿。

（张驴儿云）有。

（窦天章云）蔡婆婆。

（蔡婆婆云）有。

（窦天章云）怎么赛卢医是紧要人犯不到？

（解子云）赛卢医三年前在逃，一面着广捕批缉拿[2]去了，待获日解审。

（窦天章云）张驴儿，那蔡婆婆是你的后母么？

（张驴儿云）母亲好冒认的？委实是。

（窦天章云）这药死你父亲的毒药，卷上不见有合药的人，是哪个的毒药？

（张驴儿云）是窦娥自合就的毒药。

（窦天章云）这毒药必有一个卖药的医铺。想窦娥是个少年寡妇，哪里讨这药来？张驴儿，敢是你合的毒药么？

（张驴儿云）若是小人合的毒药，不药别人，倒药死自家老子？

（窦天章云）我那屈死的儿，这一节是紧要公案[3]，你不自来折辩[4]，怎得一个明白？你如今冤魂却在哪里？

（魂旦上，云）张驴儿，这药不是你合的，是哪个合的？

1　听点：听候查点，等待点名。

2　着广捕批缉拿：着，下令；广，扩大范围。指扩大范围搜捕追拿。

3　公案：案件。

4　折辩：拿出证据辩白。

（张驴儿做怕科，云）有鬼，有鬼，撮盐入水。太上老君急急如律令[1]，敕！

（魂旦云）张驴儿，你当日下毒药在羊肚儿汤里，本意药死俺婆婆，要逼勒我做浑家。不想俺婆婆不吃，让与你父亲吃，被药死了。你今日还敢赖哩！（唱）

【川拨棹】猛见了你这吃敲材[2]，我只问你这毒药从何处来？你本意待暗里栽排，要逼勒我和谐[3]，倒把你亲爷毒害，怎教咱替你耽罪责！

（魂旦做打张驴儿科）

（张驴儿做避科，云）太上老君，急急如律令，敕！大人说这毒药，必有个卖药的医铺，若寻得这卖药的人来和小人折对[4]，死也无词。

（丑扮解子解赛卢医上，云）山阳县续解到犯人一名赛卢医。

（张千喝云）当面[5]。

（窦天章云）你三年前要勒死蔡婆婆，赖她银子，这事怎么说？

（赛卢医叩头科，云）小的要赖蔡婆婆银子的情是有的。

1　太上老君急急如律令：传说太上老君是道教的领袖，这里是请求太上老君赶快如符咒要求的去办。

2　敲材：同"乔才"，指坏家伙。

3　和谐：这里指成亲。

4　折对：同"折辩"。

5　当面：宋元时把犯人拉上公堂见官，称为当面。

当被两个汉子救了，那婆婆并不曾死。

（窦天章云）这两个汉子，你认的他叫做甚么名姓？

（赛卢医云）小的认便认得，慌忙之际可不曾问的他名姓。

（窦天章云）现有一个在阶下，你去认来。

（赛卢医做下认科，云）这个是蔡婆婆。（指张驴儿云）想必这毒药事发了。（上云）是这一个。容小的诉禀：当日要勒死蔡婆婆时，正遇见他爷儿两个救了那婆婆去。过得几日，他到小的铺中讨服毒药。小的是念佛吃斋人，不敢做昧心的事。说道："铺中只有官料药[1]，并无什么毒药。"他就睁着眼道："你昨日在郊外要勒死蔡婆婆，我拖你见官去！"小的一生最怕的是见官，只得将一服毒药与了他去。小的见他生相[2]是个恶的，一定拿这药去药死了人，久后败露，必然连累。小的一向逃在涿州地方，卖些老鼠药。刚刚是老鼠被药杀了好几个，药死人的药其实再也不曾合。（魂旦唱）

【七弟兄】你只为赖财，放乖[3]，要当灾[4]。（带云）这毒药呵，（唱）原来是你赛卢医出卖，张驴儿买，没来由填做我犯由牌[5]，到今日官去衙门在。

1　官料药：合法经售的药。

2　生相：长相。

3　放乖：放刁、使坏。

4　当灾：承当灾祸、罪责。

5　犯由牌：公布罪状的木牌。

（窦天章云）带那蔡婆婆上来！我看你也六十外人了，家中又是有钱钞的，如何又嫁了老张，做出这等事来？

（蔡婆婆云）老妇人因为他爷儿两个救了我的性命，收留他在家养膳过世。那张驴儿常说要将他老子接脚进来，老妇人并不曾许他。

（窦天章云）这等说，你那媳妇就不该认做药死公公了。

（魂旦云）当日问官要打俺婆婆，我怕她年老，受刑不起，因此咱认做药死公公，委实是屈招个！（唱）

【梅花酒】你道是咱不该，这招状[1]供写得明白。本一点孝顺的心怀，倒做了惹祸的胚胎[2]。我只道官吏每还覆勘[3]，怎将咱屈斩首在长街！第一要素旗枪鲜血洒，第二要三尺雪将死尸埋，第三要三年早示天灾：咱誓愿委实大。

【收江南】呀，这的是[4]衙门从古向南开，就中[5]无个不冤哉！痛杀我娇姿弱体闭泉台[6]，早三年以外，则落的悠悠流恨似长淮。

（窦天章云）端云儿也，你这冤枉我已尽知，你且回去。

---

1 招状：犯人招认罪行的状纸。
2 胚胎：根苗、起因。
3 覆勘：重复审查、勘问。
4 的是：确实是。
5 就中：这中间。
6 泉台：坟墓。

待我将这一起人犯并原问官吏另行定罪。改日做个水陆道场¹，超度你生天²便了。（魂旦拜科，唱）

【鸳鸯煞尾】从今后把金牌势剑从头摆，将滥官污吏都杀坏，与天子分忧，万民除害。（云）我可忘了一件，爹爹，俺婆婆年纪高大，无人侍养，你可收恤³家中，替你孩儿尽养生送死之礼，我便九泉之下，可也瞑目。（窦天章云）好孝顺的儿也！（魂旦唱）嘱咐你爹爹，收养我奶奶。要怜他无妇无儿，谁管顾年衰迈！再将那文卷舒开，（带云）爹爹，也把我窦娥名下，（唱）屈死的于伏⁴罪名儿改。（下）

（窦天章云）唤那蔡婆婆上来。你可认得我么？

（蔡婆婆云）老妇人眼花了，不认的。

（窦天章云）我便是窦天章。适才的鬼魂，便是我屈死的女孩儿端云。你这一行人，听我下断⁵：张驴儿毒杀亲爷，奸占寡妇，合拟凌迟⁶，押付市曹中，钉上木驴⁷，剐一百二十刀处死。升任州守桃杌并该房吏典，刑名违错⁸，各杖一百，永不叙

---

1 水陆道场：佛教设斋供奉仙鬼、水陆众生的法会。

2 生天：佛家说法，生于天界。

3 收恤：收留。

4 于伏：屈招、诬服。

5 下断：宣判。

6 凌迟：古代酷刑，同剐刑。

7 木驴：古代执行剐刑时，先将犯人放在有铁刺的木桩上，游街示众。

8 违错：不合实情，违背法律条文。

用。赛卢医不合赖钱，勒死平民；又不合修合毒药，致伤人命，发烟瘴地面，永远充军[1]。蔡婆婆我家收养。窦娥罪改正明白。（词云）莫道我念亡女与她又罪消愆，也只可怜见[2]楚州郡大旱三年。昔于公曾表白东海孝妇，果然是感召得灵雨如泉。岂可便推诿道天灾代有，竟不想人之意感应通天。今日个将文卷重行改正，方显的王家法不使民冤。

题目[3] 秉鉴持衡[4] 廉访法
正名　感天动地窦娥冤

【赏析】

继第三折的神迹兑现，第四折则为人间的复仇。许多学者认为，包括神迹兑现或人间复仇，都减损《窦娥冤》作为伟大悲剧的力量，他们希望戏到窦娥冤死就结束，"最大的让步"，也是第三折结束就行了。殊不知对元代市井百姓来说，如果冤死就结束，他们是无法满足的，上天的偿报和人世的平反，全都圆满结束后，他们才能施施然离开剧场，也才能心中怀有希望，确认有虽然一时无法察觉，但绝对存在的正义公理陪伴着大家，庶民百姓才能有勇气，安心地面对

1　充军：把犯人流放到荒僻的地方。

2　可怜见：见是语尾助词，很可怜。

3　题目、正名：元杂剧每本最后，以两句或四句对句，总括全剧内容，并以最后一句为该剧题名。

4　持衡：主持公道。

生命中的种种悲欢苦乐。

元代剧场并不像现在的演出场所那么严肃安静，而是大家出出进进，或笑语喧哗，或观众即席评论，彼此交换意见。演出时，折与折间会插入其他演艺活动，观众更未必从一开始就进场，一直看到最后。元杂剧剧本几乎每折都会有重复剧情的情况出现，同一件事会由不同人口中一再重述。本折更是把之前发生的事，在场上又重复述说一次，在现在的剧场中，也许觉得累赘多余，在当时的演出环境却是合理的，观众观看时，也会参与回忆的过程，以进入接续剧情的推展。

本剧除了曲词，也运用大量宾白，重建事件经过和进行清官断案，达到百姓们现世现报的想望。魂旦扮演的窦娥不仅在夜间出现诉冤，白昼审案时也在公堂上自来自去，惨厉恐怖的同时，终于有了缺憾还诸天地的结局。

二、《赵盼儿风月救风尘》

第三折

（周舍[1]同店小二上，诗云）万事分已定，浮生空自忙。无非花共酒，恼乱我心肠。店小二，我着你开着这个客店，我哪里稀罕你那房钱养家？不问官妓私科子[2]，只等有好的来你客店里，你便来叫我。

---

1 舍：舍人，显贵子弟的通称。如台湾民间仍称富贵人家子弟为阿舍，民间也有邱罔舍的故事。

2 私科子：或作私窠子，指私娼。

（小二云）我知道。只是你脚头乱[1]，一时间哪里寻你去？

（周舍云）你来粉房[2]里寻我。

（小二云）粉房里没有呵？

（周舍云）赌房里来寻。

（小二云）赌房里没有呵？

（周舍云）牢房里来寻。（下）

（丑扮小闲[3]，挑笼上，诗云）钉靴雨伞为活计，偷寒送暖作营生。不是闲人闲不得，及至得了闲时又闲不成。自家张小闲的便是。平生做不的买卖，止是与歌者姊姊每叫些人，两头往来，传消寄信都是我。这里有个大姐赵盼儿，着我收拾两箱子衣服行李，往郑州去。都收拾停当了。请姊姊上马。

（正旦上，云）小闲，我这等打扮，可冲动[4]得那厮么？
（小闲做倒科）

（正旦云）你做甚么哩？

（小闲云）休道冲动那厮，这一会儿，连小闲也酥倒了。
（正旦唱）

【正宫】【端正好】则为他满怀愁，心间闷，做的个进退无门。那婆娘家一涌性[5]，无思忖[6]，我可也强打入迷魂阵。

1　脚头乱：到处乱跑，没有一定的去处。

2　粉房：妓院。

3　小闲：专为妓女或纨绔子弟帮闲跑腿的年轻男子。

4　冲动：使别人情感、思想摇动。义同迷惑。

5　一涌性：一时冲动。

6　思忖：思考、思量。

【滚绣球】我这里微微的把气喷，输个姓因[1]，怎不教那厮背槽抛粪[2]！更做道[3]普天下无他这等郎君。想着容易情，忒献勤，几番家待要不问；第一来我则是可怜见无主娘亲[4]，第二来是我惯曾为旅偏怜客，第三来也是我自己贪杯惜醉人[5]。到那里呵，也索费些精神。

（云）说话之间，早来到郑州地方了。小闲，接了马者，柳荫下歇一歇咱。

（小闲云）我知道。

（正旦云）小闲，咱口论闲话[6]：这好人家好举止，恶人家恶家法[7]。

（小闲云）姊姊，你说我听。（正旦唱）

【倘秀才】县君[8]的则是县君，妓人的则是妓人。怕不扭捏着身子蓦入他门；怎禁他使数[9]的到支分[10]，背地里暗忍。

1　输个姓因："输"是"给"，姓因，疑是"信音"的借字。给个消息。

2　背槽抛粪：宋元俗语，指忘恩负义。

3　更做道：即使。

4　无主娘亲：没人做主的老妇人，此指宋引章的母亲。

5　惯曾为旅偏怜客，自己贪杯惜醉人：都指同病相怜。

6　口论闲话：闲谈。

7　家法：在此指行动、态度，和上句举止并称。

8　县君：元代五品官的妻子，可以诏封县君，在此泛称得到封诰的贵妇。

9　使数：奴婢。

10　支分：指使、吩咐。

【滚绣球】那好人家将粉扑儿浅淡匀，哪里像咱干茨腊[1]
手抢着粉[2]；好人家将那篦梳儿慢慢地铺髩[3]，哪里像咱解了那襻
胸带[4]，下颏上勒一道深痕。好人家知个远近，觑个向顺[5]，衡一
味[6]良人家风韵；哪里像咱们，恰便似空房中锁定个猢狲。有
那千般不实乔躯老[7]，有万种虚嚣[8]歹议论，断不了风尘。

（小闲云）这里一个客店，姊姊好住下罢。

（正旦云）叫店家来。

（店小二见科）

（正旦云）小二哥，你打扫一间干净房儿，放下行李。你
与我请将周舍来，说我在这里久等多时也。

（小二云）我知道。

（做行叫科，云）小哥在那里？

（周舍上，云）店小二，有甚么事？

（小二云）店里有个好女子请你哩。

（周舍云）咱和你就去来。

1　干茨腊：干枯、干瘪。
2　抢着粉："抢"有勉强加上、堆上的意思。这里是说涂了又
涂，堆得厚厚的。
3　髩：同鬓，耳朵旁边两颊上的头发。
4　襻胸带：梳头发时，从额头勒到下巴的带子。
5　向顺：方向。和上句远近，都指分寸。
6　衡一味：真是一派。
7　乔躯老："乔"是作假，引申为"坏"。"躯老"是身体、身段。
乔躯老，指坏样子。
8　虚嚣：虚假，不老实。

（做见科，云）是好一个科子也。

（正旦云）周舍，做来了也。（唱）

【幺篇】俺那妹子儿有见闻，可有福分，抬举¹的个丈夫俊上添俊，年纪儿恰正青春。（周舍云）我哪里曾见你来？我在客火²里，你弹着一架筝，我不与了你个褐色绸缎儿？

（正旦云）小的，你可见来？

（小闲云）不曾见他有什么褐色绸缎儿。

（周舍云）哦，早起杭州散了，赶到陕西，客火里吃酒，我不与了大姊一分饭来？

（正旦云）小的每，你可见来？

（小闲云）我不曾见。

（正旦唱）你则是忒现新³，忒忘昏⁴，更做道你眼钝⁵。那唱词话的有两句留文："咱也曾武陵溪⁶畔曾相识，今日佯推不认人。"我为你断梦劳魂。

（周舍云）我想起来了，你敢是赵盼儿么？

1　抬举：打扮。

2　客火：即客伙，客店。

3　忒现新：太喜欢新人。

4　忒忘昏：太健忘。

5　眼钝：视力不好。

6　武陵溪：原指陶潜《桃花源记》武陵渔夫遇见世外桃源的故事，元杂剧多与刘晨、阮肇误入桃花源见到仙女的故事混用，当作男女恋爱的典故。

（正旦云）然也。

（周舍云）你是赵盼儿，好，好！当初破亲也是你来！小二，关了店门，则打这小闲。

（小闲云）你休要打我。俺姊姊将着锦绣衣服，一房一卧¹来嫁你，你倒打我？

（正旦云）周舍，你坐下，你听我说。你在南京²时，人说你周舍名字，说的我耳满鼻满的，则是不曾见你。后得见你呵，害的我不茶不饭，只是思想着你。听的你娶了宋引章，教我如何不恼？周舍，我待嫁你，你却着我保亲！（唱）

【倘秀才】我当初倚大³呵妆儇⁴主婚？怎知我嫉妒呵特故里⁵破亲？你这厮外相儿通疏就里村⁶！你今日结婚姻，咱就肯罢论。

（云）我好意将着车辆、鞍马、衾房来寻你，你划地⁷将我打骂。小闲，拦回车儿，咱家去来！

（周舍云）早知姊姊来嫁我，我怎肯打舅舅？

1　一房一卧：一套嫁妆。
2　南京：金主完颜亮改汴梁为南京，即现在的河南开封。
3　倚大：倚老卖老。
4　妆儇：儇音 xuān，聪明慧黠。妆儇，指装腔作势。
5　特故里：特意地。
6　外相儿通疏就里村：通疏，聪明；村，愚蠢。指外面看起来聪明，心里头却是笨的。
7　划地：反而。

（正旦云）你真个不知道？你既不知，你休出店门，只守着我坐下。

（周舍云）休说一两日，就是一两年，您儿也坐的将去。

（外旦上，云）周舍两三日不家去，我寻到这店门首。我试看咱，原来是赵盼儿和周舍坐哩！兀那老弟子不识羞，直赶到这里来！周舍，你再不要来家，等你来时，我拿一把刀子，你拿一把刀子，和你一递一刀子[1]戳哩。（下）

（周舍取棍科，云）我和你抢生吃[2]哩！不是妳妳在这里，我打杀你！（正旦唱）

【脱布衫】我更是的不待饶人，我为甚不敢明闻；肋底下插柴自稳[3]，怎见你便打他一顿？

【小梁州】可不道一夜夫妻百夜恩！你可便息怒停嗔。你村时节背地里使些村，对着我合思忖：那一个双同叔[4]打杀俏红裙[5]？

【幺篇】则见他恶狠狠[6]，摸按着无情棍，便有火性的不似你个郎君。（云）你拿着偌粗的棍棒，倘或打杀他呵，可怎了？（周舍云）丈夫打杀老婆，不该偿命。（正旦云）这等说，谁敢

1　一递一刀子：你给我一刀，我给你一刀，即拼命的意思。
2　抢生吃：食物还没煮熟就抢着吃，表示性急。
3　肋底下插柴自稳：遇见痛苦的事，自己忍着。
4　双同叔：原指双卿，引申为爱情故事的男主角。
5　红裙：指年轻妇女。
6　恶狠狠："狠"同"狠"，极端凶恶的样子。

嫁你？（背唱）我假意儿瞒，虚科儿喷[1]，着这厮有家难奔。妹子也。你试看咱风月救风尘。

（云）周舍，你好道儿[2]！你这里坐着，点的[3]你媳妇来骂我这一场。小闲，拦回车儿，咱回去来！

（周舍云）好妳妳，请坐！我不知道她来；我若知道她来，我就该死。

（正旦云）你真个不曾使她来？这妮子不贤慧，打一棒快球子[4]。你舍的宋引章，我一发嫁你。

（周舍云）我到家里就休了她。

（背云）且慢着，那个妇人是我平日间打怕的，若与了一纸休书，那妇人就一道烟去了。这婆娘她若是不嫁我呵，可不弄的尖担两头脱[5]？休的造次[6]，把这婆娘摇撼的实着[7]。

（向旦云）妳妳，您孩儿肚肠是驴马的见识，我今家去把媳妇休了呵，妳妳，你把肉吊窗儿放下来[8]，可不嫁我，做的个尖担两头脱。妳妳，你说下个誓着。

（正旦云）周舍，你真个要我赌咒？你若休了媳妇，我不

1　虚科儿喷：喷，哄骗，花言巧语。指装模作样的哄骗。

2　道儿：圈套、诡计。

3　点的：指使。

4　打一棒快球子：宋元打球，有棒打、骑在马上用棒打、脚踢等方式。打一棒快球子，是指用棒子打个快球，有快速解决的意思。

5　尖担两头脱：两头落空，什么也得不到。

6　造次：莽撞。

7　摇撼的实着：处理得稳稳当当。

8　把肉吊窗儿放下来：放下眼皮，眼睛一闭，不认账。

嫁你呵，我着堂子里马踏杀，灯草打折臁儿骨[1]。你逼得我赌这般重咒哩！

（周舍云）小二，将酒来。

（正旦云）休买酒，我车儿上有十瓶酒哩。

（周舍云）还要买羊。

（正旦云）休买羊，我车上有个熟羊哩。

（周舍云）好、好、好，待我买红去。

（正旦云）休买红，我箱子里有一对大红罗。周舍，你争甚么那！你的便是我的，我的就是你的。（唱）

【二煞】则这紧的到头终是紧，亲的原来只是亲。凭着我花朵儿身躯、笋条儿年纪[2]，为这锦片儿前程，倒赔了几锭儿花银。拼着个十米九糠[3]，问甚么两妬三妻，受了些万苦千辛。我着人头上气忍[4]，不枉了一世做郎君。

【黄钟尾】你穷杀呵，甘心守分揣贫困；你富呵，休笑我饱暖生淫惹议论。您心中觑个意顺[5]。但休了你这门内人，不要你钱财使半文。早是我走将来自上门。家业家私待你六亲，肥马轻裘待你一身，倒贴[6]了奁房和你为眷姻。（云）我

1　堂子里马踏杀，灯草打折臁儿骨：这里是赵盼儿用两件不可能的事来发誓，欺骗周舍。

2　笋条儿年纪：笋条，竹根所生的幼芽。比喻年轻。

3　十米九糠：十成米里有九成是糠，是说嫖客里好的少，坏的多。

4　气忍：欺负。

5　意顺：称心如意。

6　倒贴：男女恋爱时，女方供给男方财物。

若还嫁了你，我不比那宋引章，针指油面，刺绣铺房，大裁小剪，都不晓得一些儿的。（唱）我将你写了的休书正了本[1]。
（同下）

【赏析】

"风月救风尘"，是指赵盼儿利用妓院中追欢买笑的手段，来拯救沦落风尘的姊妹宋引章。本折正是赵盼儿试图迷惑周舍，以便取得周舍写给宋引章的休书。既然是以智计来寻求救赎，全折充满欢笑和机心，是极好看的老于世故的侠妓和花花太岁势均力敌的决战。

戏一开始，先以"三房"来塑造周舍。周舍自己当幕后老板，让店小二开着客店，目的是搜寻来住店的客人中有没有官妓或私娼，以供他出面引诱。当他交代店小二，遇到合适人选时要赶紧通知，小二问，到时该去哪里寻找周舍，周舍提出了妓院粉房、赌房和牢房，最后提到的牢房，当然是插科打诨，让观众哈哈一笑，但这三房马上漫画式地勾勒了周舍这个人和他的生活。接着，赵盼儿和帮忙的闲汉张小闲上场，盼儿打扮得花枝招展，问小闲她如此装扮，能否让周舍动心，小闲做出昏倒的样子，表示别说周舍了，连随时在妓院跑出跑进帮忙的自己也动心了，这又是一次插科打诨，观众在大笑之余，准备打起精神看好戏了。

1　正了本：够本，这里是赵盼儿告诉周舍，你虽然休了宋引章，但娶到我就够本了。

　　当初引章不听劝，要嫁周舍时，曾赌气说以后不管发生什么事，都不会来找盼儿帮忙。这次引章遭难求助母亲，母亲则拜托盼儿，盼儿也曾考虑要不要管这档事。看到引章母亲慌乱中找不到人做主帮忙，又想到自己和引章同为妓女、同病相怜，"惯曾为旅偏怜客，自己贪杯惜醉人"，决定从汴梁赶到郑州，自信满满地认为自己一出马，周舍马上会背信忘义，休了引章。

　　盼儿又和小闲聊到，妓女和正经人家的夫人器度终究不同，不但行为举止，连化妆梳头发都不一样，唱词尽用些夸张的比喻，一方面好笑，一方面也透着哀伤，多少有感叹引章嫁给周舍这段婚姻的不登对。这种话语，听在某些喜欢到欢场又不想（或不赞成）娶妓女的观众耳中，有一种渲染同理心的效果，观众似乎被告知，这出戏可不是要故意抬高妓女的位置，攻击正经人家，只是周舍这个人太坏了，观众的心马上被收拢，大家可以不必带有任何一丝不安或抵触情绪，而可以全心全意加入盼儿调弄欺哄周舍的过程了。

　　来到客店，盼儿让小闲订了住房，又让小二去通知周舍，周舍一到，盼儿马上献殷勤，说妹子有眼光，周舍"俊上添俊，年纪儿恰正青春"，但周舍长期在花台走动，见了不知多少妓女，一时没想起盼儿是谁，这用的是延宕的效果，让节奏顿一顿，同时加上一些滑稽的对话制造效果，盼儿趁机撒娇，说两人曾经有过一段关系，自己为此魂牵梦萦，周舍怎么假装不认得了。周舍这才想起原是赵盼儿，马上翻旧账，他可没忘了，要娶引章时，盼儿是反对的，马上吩咐小二打小闲。

如果周舍完全不是对手，一上来就被盼儿引动得迷迷糊糊，戏就不好看了，一定要能针锋相对，戏才精彩。现在危机来了，盼儿却马上化危机为转机，辩称当时因为自己想嫁周舍，周舍却要娶引章，当然要反对了。而且到如今都不死心，才会自己带着嫁妆赶来继续争取，谁知周舍还是如此无情，竟然还要打同来的小闲，那就死心离开算了，盼儿、小闲一搭一唱，营造出盼儿是如此痴心的假象。这下，周舍的疑心也解除了，虚荣心也上来了。他和多少妓女交过手，本就不会轻易上当，自己和引章的婚姻出问题时，盼儿忽然出现，当然可疑，却原来盼儿是这么喜欢自己啊，终于掉入盼儿的圈套中。

　　这时，先前收到盼儿信的宋引章也来配合演出，她到客店，见周舍与盼儿在一起，开始吵闹，周舍拿起棍子要打，证实了周舍的家暴行径，当盼儿说那么粗的棍子会打死人的，周舍回答："丈夫打杀老婆，不该偿命。"盼儿决定马上进行下一步动作，她假作嗔怒，要赖说是周舍安排引章来骂自己，又做出要离去的动作。周舍当然辩解，盼儿顺水推舟，说若是休了引章，她就嫁给周舍。周舍何等精明，他想若是休了引章，盼儿又不嫁，岂不两头落空，要盼儿发誓。盼儿二话不说，马上发誓说如果自己悔婚，会在屋子里被马踏死，被灯草打断腰骨，还说："你逼得我赌这般重咒。"两件都是不可能发生的事，所以誓言无效，而倒也不是周舍这么好哄，这又是剧场上惯用的插科打诨的伎俩，为博观众笑乐。成亲聘定，要以羊、酒、红罗作为契约的证据，盼儿早都算到了，全数自备，这样一来，她也就并没有收受周舍的聘礼，日后在公堂上不致败北。她还跟周舍说这有什么好争的，"你的便是我的，我的就是你的"。在营救宋引章的第一回合，赵盼儿大获全胜。

关汉卿笔下的赵盼儿神采飞扬，在舞台上乔张做致地调弄周舍。要拯救落入恐慌的受家暴妇女，盼儿不是愤怒、指责、哀告，因为她知道那对周舍是无效的，于是采用智取的方法。周舍既然喜爱烟花粉黛，就以其人之道还治其身，盼儿以自身为筹码，攻破周舍心防，骗取休书，让宋引章得以正大光明地离开周家，而且不致有后续的干扰。不论阅读，或在舞台上搬演，都是嬉笑怒骂，大快人心。

三、《诈妮子调风月》

第二折

（外孤一折）[1]

（正末、外旦[2]郊外一折）

（正末、六儿[3]上）

（正旦带酒[4]上，云）恰共女伴每蹴罢秋千，逃席的走来

　　1　本剧只保留完整曲文，至于道白与动作（科），都只简单带过。外，指主角之外的角色，孤是官员，这里由外扮演的官员，指的是莺莺的父亲，"外孤一折"，是指他上场演出一小段戏。

　　2　外旦：是正旦之外的角色，等于女配角，这里是指莺莺小姐。表演内容应该是小千户与莺莺寒食节在郊外相逢，彼此一见钟情，莺莺将宝盒和罗帕送给小千户当信物。

　　3　六儿：女真人称童仆为六儿，也写成"溜儿"。

　　4　带酒：喝了酒，有点醉意。

家。这早晚小千户敢来家了也。

【中吕】【粉蝶儿】年例寒食，邻姬每斗[1]来邀会，去年时没人将我拘管收拾。打秋千，闲斗草，直到个昏天黑地；今年个不敢来迟，有一个未拿着性儿[2]女婿。

（做到书院见正末，云）你吃饭末[3]？
（正末不奈烦科）

【醉春风】因甚把玉粳米牙儿抵[4]，金莲花攒枕[5]倚？或嗔或喜脸儿多？哎！你、你！教我没想没思，两心两意，早晨古自一家一计[6]！

（正旦云）我猜着你咱。
（正末云了）（正旦唱）

---

1 斗：在这里同"都"字。本剧是说邻家的女孩们都纷纷来邀燕燕一起去聚会。

2 未拿着性儿：还没摸清楚脾气。

3 末：同"么"，语尾助词，你吃饭了吗？

4 粳米牙儿抵：粳米，粳稻的米，色白，有些品种会有点透明。在此形容小千户的牙齿漂亮，像白玉做的粳米。抵，碰在一起，咬紧牙关，不太高兴的样子。

5 攒枕：几个枕头叠在一起。金莲花攒枕，指枕头上以金线绣着莲花。

6 古自：犹自，还是。早上两个人还是同心同意，为什么现在好像有了隔阂，两心两意。

【朱履曲】莫不是郊外去逢着甚邪祟？又不疯又不呆痴，面没罗[1]、呆答孩[2]、死堆灰[3]。这烦恼在谁身上？莫不在我根底[4]，打听得些闲是非？

（正末云了）

（正旦审住[5]，云）是了！（唱）

【满庭芳】见我这般微微喘息，语言恍惚，脚步儿查梨[6]。慢鬆鬆[7]胸带儿频那系[8]，裙腰儿空闲里偷提。见我这般气丝丝偏斜了鬓[9]，汗浸浸折皱了罗衣。似你这般狂心记，一番家搓揉人的样势，休胡猜人，短命黑心贼[10]！

（正末云了）

1　面没罗：发呆，脸上没有表情。

2　呆答孩：形容发呆的样子。也作呆打颏、呆打孩，打颏是抬起下巴，引申为面无表情。

3　死堆灰：呆呆的，没有精神的样子。

4　根底：跟前，眼前，身边。本句是燕燕以为小千户没精打采，是由自己引起。

5　审住：思考之后。

6　查梨：查音 zhā，这里是形容脚步不稳，歪歪斜斜的样子。

7　慢鬆鬆：慢，宽；鬆，同松。古代小说戏曲的抄本或刻本常出现简体字。形容宽松的样子。

8　频那系：古书中，"挪"常写成"那"；系，同系。指屡次挪动、系紧。

9　鬓：古代妇女头上套网的假发，是一种装饰性的假髻。

10　短命黑心贼：是带有亲昵意味的骂人的话，多用于男女恋人之间。燕燕以为小千户怀疑自己，所以这样骂他。

（正旦云）你又不吃饭也，睡波。

（末更衣科）（正旦唱）

【十二月】直到个天昏地黑，不肯更换衣袂；把兔鹘[1]解开，纽扣相离，把袄子疏剌剌鬆开[2]上拆，将手帕撇漾在田地。

（正末慌科）（正旦唱）

【尧民歌】见那厮手慌脚乱紧收拾，被我先藏在香罗袖儿里。是好哥哥和我做头敌[3]，咱两个官司有商议。休题[4]！休题！哥哥撇下的手帕是阿谁[5]的？

（正末云了）（正旦唱）

【江儿水】老阿者[6]使将来伏侍你，展污了咱身起[7]。你养着别个的，看我如奴婢，燕燕那些儿亏负你？

1　兔鹘：金代一种比较宽的腰带。

2　疏剌剌鬆开："鬆"同"松"。疏剌剌形容脱衣时，衣服发出的声音。

3　头敌：敌人。

4　休题：别说。可能是燕燕发现手帕后，唱"官司有商议"，意思是我们来说清楚，小千户可能要先抢回手帕，燕燕拦阻说"这先不提"，接下句"你先告诉我手帕是谁的"。

5　阿谁：阿是发语词，没有意义，"阿谁"等同于"谁"。

6　阿者：女真语称母亲为阿者；老阿者是指老夫人。

7　展污了咱身起：展污，玷污；身起，身体。指小千户已和燕燕发生肉体关系。

（旦做住）

（正末告科）（正旦唱）

【上小楼】我敢摔碎这盒子，玳瑁纳子[1]，教石头砸碎。
（带云）这手帕。（唱）剪了做靴檐，染了做鞋面，持了做铺
持[2]。一万分好待你，好觑你！如今刀子根底，我敢割得来粉
零麻碎！

（正末云了）

（正旦云）直恁值钱！（唱）

【幺】更做道你好处打换来的[3]，却怎看得非轻，看得值钱，
待得尊贵？这两下里捻绡[4]的，有多少功绩，到[5]重如细揿绒绣来
胸背[6]？

　　1　纳子：扣住盒子的装饰品，在此指玳瑁做的纳子。
　　2　铺持：又称铺衬，碎布，常用来做鞋底。是指要把别的女子送
小千户的手帕拿来做鞋檐、鞋面、鞋底，踩在脚底下。
　　3　打换来的：打换，换取，指小千户和莺莺互生爱意，彼此勾搭
换来的。
　　4　捻绡：捻是用手取物。绡原是生丝织成的白绸，这里借用指手
帕。古代常以手帕作为男女定情信物。两下里捻绡的，指小千户在燕燕
和莺莺两位女子间，两边示爱。
　　5　到：同倒，反而。
　　6　细揿绒绣来胸背：女真人的官服是用细绒布做的，胸、背都绣
着图案。这里是质问小千户，怎么把到处留情看得比官位还重要？

（正末云了）（正旦唱）

【哨遍】并不是婆娘人¹把你抑勒招取²，那肯心儿³自说来的神前誓。天果报，无差移，子争个来早来迟。限时刻，十王地藏，六道轮回，单劝化人间世。善恶天心人意，人间私语，天闻若雷。但年高都是积善好心人；早寿夭都是辜恩负德贼。好说话清晨，变了卦今日，冷了心晚夕。

（宋云）（正旦出来科）（唱）

【耍孩儿】我便做花街柳陌风尘妓，也无那忺⁴过三朝五日。你那浪心肠看得我忒容易，欺负我是半良半贱身躯。半良身情深如你那指腹为亲妇；半贱体意重似拖麻拽布⁵妻。想不想在今日，都了绝爽利，休尽我精细。

（云）我往常伶俐，今日都行不得了呵！（唱）

【五煞】别人斩眉⁶我早举动眼，道头知道尾。你这般沙

1　婆娘人：燕燕自称。

2　抑勒招取：逼迫认供。

3　肯心儿：心甘情愿。

4　忺：喜爱。意思是说即使我是花街柳巷的妓女，和嫖客彼此的情爱也不会只有三天五天而已。

5　拖麻拽布：披麻戴孝。

6　斩眉："斩"是"展"的借音字，展眉是眉毛一动。

糖般甜话儿多曾吃！你又不是残花酝酿蜂儿蜜，细雨调和燕子泥。自笑我狂踪迹。我往常受那无男儿烦恼，今日知有丈夫滋味。

【四煞】待争来怎地争？待悔来怎地悔？怎补得我这有气分全身体？打也阿儿[1]包髻，真加[2]要带与别人成美，况团衫怎能勾披？他若不在俺宅司[3]内，便大家南北，各自东西！

【三煞】明日索一般供与他衣袂穿，一般过与他茶饭吃，到晚送得他被底成双睡。他做成暖帐三更梦，我拨尽寒炉一夜灰。有句话存心记：则愿得辜恩负德，一个个荫子封妻！

【二煞】出门来一脚高一脚低，自不觉鞋底儿着田地。痛连心除他外谁根前说，气夯破肚[4]别人行[5]怎又不敢提？独自向银蟾[6]底，则道是孤鸿伴影，几时吃四马攒蹄[7]？

【尾】呆敲才[8]、呆敲才休怨天；死贱人、死贱人自骂你！本待要皂腰裙，刚待要蓝包髻，则这的是折贵攀高落得的！

（下）

---

1 也阿儿：三字是语助词，没有意义。

2 真加：真的。"加"有时写成"家"，语助词。

3 宅司：官署的宅院。燕燕是官家的婢女，所以住在宅司中。

4 气夯破肚：怒气冲破肚皮。

5 别人行：别人跟前。如爹行、娘行。

6 银蟾：月亮。传说月中有蟾蜍。

7 四马攒蹄：把马的四只脚都拢在一起，马就走不动了，引申为酒足饭饱，吃得几乎都走不动了。这里是燕燕叹息什么时候才能和小千户开怀畅饮，暗指婚礼的宴席是没指望了。

8 呆敲才："敲才"又称"乔才"，宋元人的口语，坏蛋、败类的意思。

【赏析】

小说戏曲中的婢女不但在身份上比小姐低一级，在戏份上也比小姐少，经常只担任女配角；难得有一两出戏忽然变成重要角色时，则是忙着在男女主角间传书递简，帮小姐撮合婚姻。《诈妮子调风月》是少数以丫鬟为主角，而且是为自己争取爱情与婚姻的戏。"诈"有机警、伶俐的意思；妮子本是宋元对侍婢的称呼，后来引申泛称女孩，本剧兼有这两种意思。第二折是演小千户和丫头燕燕互许终身后，又爱上千金小姐莺莺，对燕燕相当冷淡。燕燕先是胡乱猜疑，等得知实情后，醋劲大发，伤心、愤怒、痛悔。

寒食佳节，大家都到郊外踏青赏春，小千户与官家小姐莺莺在郊外相逢，彼此一见钟情，小姐赠给小千户宝盒和罗帕，作为定情信物。小千户回家后，茶饭不思，外出服都没换下，只懒懒地坐在书房。燕燕和往年一样跟女伴们出游，以前无挂无碍，总玩到天黑才回家，今年有了还没摸透他脾气的情人在，燕燕匆匆忙忙地早早回家。

一回来马上赶到书房，只见小千户无精打采的，也不搭理自己，燕燕觉得很奇怪，早上两人不是还好好的同心同意，怎么现在小千户脸色阴晴不定？燕燕开始胡猜，会不会是小千户到郊外时，碰上什么妖魔鬼怪的晦气，才变成这样呆呆的，一点精神也没有。又或者自己玩得太高兴，头发也散了，衣服也乱了，甚至为了急急跑回，以致气喘吁吁，惹得小千户误会、不高兴。她于是撒娇地跟小千户说，不许没良心的胡乱猜疑。

照顾小千户，原本就是燕燕的工作，既然小千户不想吃饭，那就服侍他更衣，早早休息好了。正在服侍小千户换衣服时，忽然一方罗帕掉落，小千户手忙脚乱地要去捡，早被燕燕拿起来，塞进自己袖子里，这下换燕燕来算账了。问了半天，小千户说出实情，而且和莺莺小姐的定情信物，除了罗帕还有小小的宝盒。

　　燕燕这时怒急攻心，忍不住开骂。自己是老夫人派来照顾小千户的，是小千户三番两次展开温柔攻势，海誓山盟，说会当小夫人一样珍惜，燕燕才答应许身的。现在把燕燕就只当奴婢看待，是可忍孰不可忍。小千户这时低声赔罪，燕燕想到自己是如何全心全意地对待小千户，谁知他马上移情别恋，于是拿起宝盒就想摔碎，还威胁说要把这方手帕剪碎，拿来当鞋帮子、鞋面、鞋底。小千户赶紧说，这可是值钱的东西，不要乱来。燕燕更难过了，这是你和其他女子相好时换来的，就看得这么尊贵，这样两边留情，把自己的官职和做官的人应该有的信用倒看轻了。燕燕对小千户说，当初并不是我逼着你答应我什么，是你心甘情愿赌咒发誓。人间私下的对话，在天上都像打雷时一样大声，老天是会有报应的，你的情感怎么可以变化得这么快呢？燕燕说完，离开书房，要走回自己的住处。

　　她越想越难过，即使是地位低贱、花街柳巷的女子，和情人间的爱情也不只三天五天吧，小千户居然对自己这么随便，欺负自己是丫鬟这种半良半贱的身份。虽说是半良半贱，自己对小千户的情义，却是和指腹为亲或为丈夫披麻戴孝的妻子一样深哪。平日里，自己多么伶俐，别人一动眉毛，就察知他在想什么，而且又不是没听过甜言蜜语，怎么一听小千户的话，就糊里糊涂地以身相许呢。事到如今，要争怎么争，要悔又如何悔，当初小千户送自己的包髻、团衫、绸手巾，如今还好好收着，也不能说散就散，各分东西啊。自己是奴婢，明天还是必须照样去为他准备衣服茶饭，这种难过也没办法跟别人诉说啊。燕燕魂不守舍，一脚高一脚低地在月光下走着，想到自己想跟小千户成婚的事恐怕是没希望了，只能骂自己是笨蛋，当时是贪图成为小夫人的身份地位，折贵攀高，才落得这般下场。

为配合燕燕的身份，关汉卿选择了像说话一般明快的曲词，字句爽脆，像滴溜溜转着的珍珠，这些珍珠塑造的是历代戏曲中最有生命力，也最爱娇的小丫鬟。

四、《望江亭中秋切鲙旦》

第三折

（衙内领张千、李稍上）

（衙内云）小官杨衙内是也。颇奈[1]白士中无理，量你到的哪里[2]！岂不知我要取谭记儿为妾？他就公然背了我，娶了谭记儿为妻，同临任所，此恨非浅！如今我亲身到潭州，标取白士中首级。你道别的人为甚么我不带他来？这一个是张千，这一个是李稍。这两个小的，聪明乖觉，都是我心腹之人，因此

1　颇奈：不可耐，引申为可恨。
2　到的哪里：往哪里摆，算得了什么。

上则带的这两个人来。

（张千去衙内鬓边做拿科）

（衙内云）退！你做甚么？

（张千云）相公鬓边一个虱子。

（衙内云）这厮倒也说的是。我在这船只上个月期程[1]，也不曾梳篦的头。我的儿，好乖！

（李稍去衙内鬓上做拿科）

（衙内云）李稍，你也怎的？

（李稍云）相公鬓上一个狗鳖[2]。

（衙内云）你看这厮！

（亲随[3]、李稍同去衙内鬓上做拿科）

（衙内云）弟子孩儿[4]，直恁的般多[5]！

（李稍云）亲随，今日是八月十五日中秋节令，我每安排些酒果，与大人玩月，可不好？

（张千云）你说的是。

（张千同李稍做见科，云）大人，今日是八月十五日中秋节令，对着如此月色，孩儿每与大人把[6]一杯酒赏月，何如？

（衙内做怒科，云）。退！这个弟子孩儿！说什么话！我要来干公事，怎么教我吃酒？

1　期程：期限。

2　狗鳖：狗身上的寄生虫，又叫狗虱。

3　亲随：贴身的仆从，本折指张千。

4　弟子孩儿：骂人的话，即婊子养的。

5　直恁的般多：怎么这么多。

6　把：递、斟。

（张千云）大人，您孩儿每并无歹意，是孝顺的心肠。大人不用，孩儿每一点不敢吃。

（衙内云）亲随，你若吃酒呢？

（张千云）我若吃一点酒呵，吃血¹！

（衙内云）正是，休要吃酒！李稍，你若吃酒呢？

（李稍云）我若吃酒，害疔疮！

（衙内云）既是您两个不吃酒，也罢，也罢，我则饮三杯，安排酒果过来。

（张千云）李稍，抬果桌过来。

（李稍做扛果桌科，云）果桌在此。我执壶，你递酒。

（张千云）我儿，酾²满着。

（做递酒科，云）大人，满饮一杯。

（衙内做接酒科）

（张千倒褪³自饮科）

（衙内云）亲随，你怎么自吃了？

（张千云）大人，这个是摄毒的盏儿⁴。这酒不是家里带来的酒，是买的酒；大人吃下去，若有好歹，药杀了大人，我可怎么了！

（衙内云）说的是，你是我心腹人。

（李稍做递酒科，云）你要吃酒，弄这等嘴儿；待我送

1　吃血：骂人的话，指不是人，是畜生。

2　酾：斟。

3　褪：同"退"。

4　摄毒的盏儿：检查酒中是否有毒的一杯酒。

酒，大人满饮一杯。

（衙内接科）

（李稍自饮科）

（衙内云）你也怎的？

（李稍云）大人，他吃的，我也吃的。

（衙内云）你看这厮！我且慢慢的吃几杯。亲随，与我把别的民船都赶开者！

（正旦拿鱼上，云）这里也无人。妾身白士中的夫人谭记儿是也。装扮做个卖鱼的，见杨衙内去。好鱼也！这鱼在那江边游戏，趁浪寻食，却被我驾一孤舟，撒开网去，打出三尺锦鳞，还活活泼泼的乱跳。好鲜鱼也！（唱）

【越调】【斗鹌鹑】则这今晚开筵，正是中秋令节；只合低唱浅斟，莫待他花残月缺。见了的珍奇，不消的咱说，则这鱼鳞甲鲜滋味别。这鱼不宜那水煮油煎，则是那薄批细切[1]。

（云）我这一来，非容易也呵！（唱）

【紫花儿序】俺则待稍关打节[2]，怕有那惯施舍的经商不请

1　薄批细切：把鱼切成薄片生吃，如日本的生鱼片。
2　稍关打节：透过人情或贿赂等手段打通门路。

言赊[1]。则俺这篮中鱼尾，又不比案上罗列[2]，活计全别。俺则是一撒网、一蓑衣、一箬笠，先图些打捏[3]；只问那肯买的哥哥，照顾俺也些些。

（云）我揽住这船，上的岸来。

（做见李稍，云）哥哥，万福！

（李稍云）这个姊姊，我有些面善。

（正旦云）你道我是谁？

（李稍云）姊姊，你敢是张二嫂么？

（正旦云）我便是张二嫂，你怎么不认的我了？你是谁？

（李稍云）则我便是李阿鳖。

（正旦云）你是李阿鳖？

（正旦做打科，云）儿子，这些时吃得好了，我想你来！

（李稍云）二嫂，你见我亲么？

（正旦云）儿子，我见你，可不知亲哩！你如今过去和相公说一声，着我过去切鲙，得些钱钞，养活我来也好。

（李稍云）我知道了。亲随，你来！

（张千云）弟子孩儿，唤我做甚么？

（李稍云）有我个张二嫂，要与大人切鲙。

（张千云）甚么张二嫂？

1　赊：买卖货物时延期付款。

2　案上罗列：买卖时放在架上的货物，这里指这尾鱼是刚捞上来的，极为新鲜，不是一般店里卖的可比。

3　打捏：生活费用。

（正旦见张千科，云）媳妇孝顺的心肠，将着一尾金色鲤鱼特来献新[1]，望与相公说一声咱。

（张千云）也得，也得！我与你说去。得的钱钞，与我些买酒吃。你随着我来。

（做见衙内科，云）大人，有个张二嫂，要与大人切鲙。

（衙内云）甚么张二嫂？

（正旦见科，云）相公，万福！

（衙内做意科，云）一个好妇人也！小娘子，你来做甚？

（正旦云）媳妇孝顺的心肠，将着这尾金色鲤鱼，一径的来献新。可将砧板、刀子来，我切鲙哩！

（衙内云）难得小娘子如此般用意！怎敢着小娘子切鲙，俗了手[2]！李稍，拿了去，与我姜辣煎火赞[3]了来。

（李稍云）大人，不要他切就村了[4]。

（衙内云）多谢小娘子来意！抬过果桌来，我和小娘子饮三杯。将酒来，小娘子，满饮一杯！

（张千做吃酒科）

（衙内云）你怎的？

（张千云）你请他，他又请你；你又不吃，他又不吃，可不这杯酒冷了？不如等亲随乘热吃了，倒也干净。

1　献新：把当季新出的产品卖给贵族或富人，以便卖得较高的价钱。

2　俗了手：指切鱼是俗事，不适合让这么漂亮的人去做。

3　煎火赞：煎烩，把煮熟的食物调和上浓汁。

4　村：蠢笨，这里是指外行。鲜鱼薄切成生鱼片最好，现在要加上浓盐赤酱煎烩，实在外行。

（衙内云）哎[1]！靠后！将酒来，小娘子满饮此杯。

（正旦云）相公请！

（张千云）你吃便吃，不吃我又来也。

（正旦做跪衙内科）

（衙内扯正旦科，云）小娘子请起！我受了你的礼，就做不得夫妻了。

（正旦云）媳妇来到这里，便受了礼，也做得夫妻。

（张千同李稍拍桌科，云）妙、妙、妙！

（衙内云）小娘子请坐。

（正旦云）相公，你此一来何往？

（衙内云）小官有公差事。

（李稍云）二嫂，专为要杀白士中来。

（衙内云）哎！你说甚么！

（正旦云）相公，若拿了白士中呵，也除了潭州一害。只是这州里怎么不见差人来迎接相公？

（衙内云）小娘子，你却不知，我恐怕人知道，走了消息，故此不要他们迎接。（正旦唱）

【金蕉叶】相公，你若是报一声着人远接，怕不的船儿上有五十座笙歌摆设。你为公事来到这些[2]，不知你怎生做兀的关节[3]？

---

1 哎：斥责人的声音。

2 这些：这里。

3 关节：在此指机关、计策。

（衙内云）小娘子，早是你来的早；若来的迟呵，小官歇息了也。（正旦唱）

【调笑令】若是贱妾晚来些，相公船儿上黑魆魆[1]的熟睡歇，则你那金牌势剑身旁列。见官人远离一射[2]，索用甚从人拦当者？俺只待拖狗皮[3]的、拷断他腰截[4]。

（衙内云）李稍，我央及你，你替我做个落花媒人[5]。你和张二嫂说：大夫人不许他，许他做第二个夫人；包髻、团衫、绣手巾，都是他受用的。

（李稍云）相公放心，都在我身上。

（做见正旦科，云）二嫂，你有福也！相公说来：大夫人不许你，许你做第二个夫人；包髻、团衫、袖腿绷……

（正旦云）敢是绣手巾？

（李稍云）正是绣手巾。

（正旦云）我不信，等我自问相公去。

（正旦见衙内科，云）相公，恰才李稍说的那话，可真个是相公说来？

1　黑魆魆：打鼾的声音。
2　一射：一箭可以射到的距离。
3　拖狗皮：骂人的话，像拖死狗一样拖来。
4　腰截：腰杆子。
5　落花媒人：现成的媒人。

（衙内云）是小官说来。

（正旦云）量媳妇有何才能，着相公如此般错爱也！

（衙内云）多谢，多谢！小娘子，就靠着小官坐一坐，可也无伤！

（正旦云）妾身不敢。（唱）

【鬼三台】不是我夸贞烈，世不曾[1]和个人儿热[2]。我丑则丑，刁决古憋[3]；不由我见官人便心邪，我也立不的志节。官人，你救黎民，为人须是彻；拿滥官，杀人须见血。我呵，只为你这眼去眉来，（正旦与衙内做意儿科，唱）使不着我那冰清玉洁。

（衙内做喜料，云）勿、勿、勿[4]！

（张千与李稍做喜科，云）勿、勿、勿！

（衙内云）你两个怎的？

（李稍云）大家要一要。（正旦唱）

【圣药王】珠冠儿怎戴者？霞帔儿[5]怎挂者？这三檐伞[6]怎向顶门遮？唤侍妾簇捧者。我从来打渔船上扭的那身子儿

1　世不曾：从来没有过。

2　热：亲热。

3　刁决古憋：个性别扭。

4　勿、勿、勿：嬉闹时发出的声音，如嘻嘻嘻、噢噢噢。

5　霞帔：绣有花色的长背心，是皇帝赏赐的官员妻子服装。

6　三檐伞：三层、三道檐的伞，官员或贵妇才能使用。

别¹，替你稳坐七香车²。

（衙内云）小娘子，我出一对与你对：罗袖半翻鹦鹉盏。

（正旦云）妾对：玉纤³重整凤凰衾。

（衙内拍桌科，云）妙、妙、妙！小娘子，你莫非识字么？

（正旦云）妾身略识些撇竖点画。

（衙内云）小娘子既然识字，小官再出一对：鸡头⁴个个难舒颈。

（正旦云）妾对：龙眼⁵团团不转睛。

（张千同李稍拍桌科，云）妙、妙、妙！

（正旦云）妾身难的遇着相公，乞赐珠玉⁶。

（衙内云）哦，你要我赠你甚么词赋？有、有、有。李稍，将纸笔砚墨来！

（李稍做拿砌末⁷科，云）相公，纸墨笔砚在此。

1　扭的那身子儿别：别，不一样，是指渔妇在渔船上必须以不自然的姿势扭动身体摇橹。接下句，如今却要稳稳地坐着七香车。

2　七香车：以有香气的木料做成的华贵车子，也是富贵人家才能使用的。

3　玉纤：女人美丽的手。上句鹦鹉盏，本句凤凰衾，是形容华丽的酒杯与服装。

4　鸡头：芡实。

5　龙眼：桂圆。

6　珠玉：对别人文学作品的美称。

7　砌末：舞台上使用的道具，这里指纸墨笔砚。

（衙内云）我写就了也！词寄【西江月】[1]。

（正旦云）相公，表白[2]一遍咱。

（衙内做念科，云）夜月一天秋露，冷风万里江湖。好花须有美人扶，情意不堪会处。仙子初离月浦[3]，嫦娥忽下云衢[4]。小词仓卒对君书，付与你个知心人物。

（正旦云）高才，高才！我也回奉相公一首，词寄【夜行船】。

（衙内云）小娘子，你表白一遍咱。

（正旦做念科，云）花底双双莺燕语，也胜他凤只鸾孤。一霎恩情，片时云雨，关联着宿缘前注[5]。天保今生为眷属，但则愿似水如鱼。冷落江湖，团圞人月，相连着夜行船去。

（衙内云）妙、妙、妙！你的更胜似我的！小娘子，俺和你慢慢的再饮几杯。

（正旦云）敢问相公。因甚么要杀白士中？

（衙内云）小娘子，你休问他。

（李稍云）张二嫂，俺相公有势剑在这里！

（衙内云）休与他看。

（正旦云）这个是势剑？衙内见爱媳妇，借与我拿去

1　【西江月】：曲牌名，依【西江月】的规则填上文字，下文词寄【夜行船】，也是同样的意思。

2　表白：念诵。

3　月浦：月亮旁边。

4　云衢：云间的路。

5　宿缘前注：前世注定的缘分。

治¹三日鱼好那!

（衙内云）便借与他。

（张千云）还有金牌哩!

（正旦云）这个是金牌？衙内见爱我，与我打戒指儿罢。再有甚么？

（李稍云）这个是文书。

（正旦云）这个便是买卖的合同？

（正旦做袖文书科，云）相公再饮一杯。

（衙内云）酒勾了也！小娘子，休唱前篇，则唱么篇²。（做醉科）

（正旦云）冷落江湖，团圞人月，相随着夜行船去。

（亲随同李稍做睡科）

（正旦云）这厮都睡着了也！（唱）

【秃厮儿】那厮也忒懵懂³，玉山低趄⁴，着鬼祟醉眼乜斜⁵。我将这金牌虎符都袖褪者；唤相公，早醒些，快迭⁶!

【络丝娘】我且回身将杨衙内深深的拜谢，您娘向急飐飐⁷

1　治：处理。

2　么篇：戏曲歌唱，依照前一个曲牌再填一首，称为么篇。这里指只唱后面的曲子。

3　懵懂：糊涂，不明白事理。

4　玉山低趄：玉山，形容喝醉酒的人的身体；低趄，歪斜的样子。

5　乜斜：眼睛蒙眬睁不开的样子。

6　快迭：快点。

7　急飐飐：顺风行驶。

船儿上去也。到家对儿夫尽分说那一番周折。

（带云）惭愧，惭愧！（唱）

【收尾】从今不受人磨灭[1]，稳情取[2]好夫妻百年喜悦。俺这里，美孜孜在芙蓉帐笑春风；只他那，冷清清杨柳岸伴残月。（下）

（衙内云）张二嫂！张二嫂哪里去了？

（做失惊科，云）李稍，张二嫂怎么去了？看我的势剑金牌可在那里？

（张千云）就不见了金牌，还有势剑共文书哩！

（李稍云）连势剑文书都被她拿去了！

（衙内云）似此怎了也？（李稍唱）

【马鞍儿】想着、想着跌脚儿[3]叫，（张千唱）想着、想着我难熬，（衙内唱）酪子里[4]愁肠酪子里焦。（众合唱）又不敢着旁人知道，则把他这好香烧、好香烧，咒的他热肉儿跳！

1　磨灭：折磨、压迫。
2　稳情取：一定可以。
3　跌脚儿：顿足，跳脚。
4　酪子里：暗地里，背地里。

（衙内云）这厮每扮南戏 [1] 那！（众同下）

【赏析】

计谋，一向是戏曲中最能引起观众兴趣、打动人心的元素，关汉卿尤擅于此道。不论是《窦娥冤》的毒药之计、《哭存孝》的谗言毒计，或《救风尘》的风月之计，都使剧情翻转，出现新的局面。而《望江亭》中谭记儿的智计更是险中求胜，保护了自己的夫婿和婚姻。她和赵盼儿同样是以自身为筹码去化解危机，不同的是，她必须卸下夫人的身份，改扮渔妇，去迷惑比周舍更难对付，威势更盛，更加危险，并且握有势剑金牌的杨衙内。而且，她终究是夫人，不宜演出赵盼儿的风月身段，杨衙内也有一定的文采和官仪，于是关汉卿安排了衙内身旁两个心腹之人张千、李稍，由他们来负责调笑滑稽的表演，使本折从刀头上舔血的蒙哄，满溢着轻松欢笑的气息，委实是高手中的高手。

本折开场，是杨衙内带着张千、李稍来到潭州，中秋夜暂宿江边大船上，打算次日就去取白士中的项上人头。三人委实百无聊赖，张千去帮衙内头上抓虱子，李稍也跟着去抓狗鳖，一开始就把气氛塑造得荒唐突梯，自此，全折中张千、李稍不断借着模仿与重复，制造笑点。

究竟要如何排遣时间呢？李稍建议，既然是中秋夜，来喝

1　扮南戏：杂剧是一人主唱，南戏是每个角色都可以唱，这里戏的最后，李稍、张千、衙内合唱，所以衙内开玩笑地说，他们在演南戏。

酒吧，李稍告诉张千，张千又去告诉衙内。衙内摆出架子，说这回是来办事的，喝什么酒，张千、李稍只好赌誓不喝酒。既然张李不喝，衙内说他就自己喝啰。忽然来个反拍，将张李一军。接着恸桌递酒，心腹之人当然不只要言听计从、忠心耿耿，更要做一些突兀动作，博主人一笑，于是张千拿酒自己先喝了，理由是先试试酒里有没有毒。这种由地位低下的人来开主人的玩笑，是关汉卿老练的写作方式，让衙内和观众更觉得好笑。李稍当然也再效法一次。

戏到这里，基本环境和情调已经建立好了，女主角谭记儿于焉上场。她上来就和李稍装熟，自称张二嫂，并要李稍帮忙，让她为衙内切鲙，赚点生活费。小人物也自有他们熟于世故的温暖，李稍又去告诉张千，张千也同意了，不忘跟记儿说等一下赚的钱，别忘了分自己一点。张千、李稍都不是什么大恶之人，他们知道能给人方便时就给一点，也有一点小奸小坏，这是民间常见的，观众并不会特别憎厌他们，他们在舞台上的搬演才能逗趣得惹人发笑。

谭记儿见了杨衙内，开始吹嘘自家的鱼有多么新鲜，衙内见到记儿的美貌，哪还顾得了鱼，叫李稍去处理就是，赶紧请记儿坐下喝酒，张千又来抢戏，先把酒喝了。记儿规规矩矩跪下行了大礼，衙内赶紧去扯，说是受了礼就不好成夫妻了，记儿故意挑逗地说："便受了礼，也做得夫妻。"张千、李稍在一旁拍桌起哄。

记儿确认衙内要来杀白士中的事，又问明了势剑金牌文书所在，为了避免衙内疑心，故意装成没见过世面的村妇，说要借势剑来杀鱼，拿金牌打戒指，文书则是一般的买卖合约。衙内见记儿仿佛有情，请李稍当现成媒人，许给记儿小夫人的身份，记儿表现了对贵族生活的向往，于是衙内和记儿一边喝酒一边对对子、作曲词。衙内发现这位张二嫂竟然识字，越发高兴，加上张李两人在旁凑趣，酒兴越高，结果衙内和张千、李稍全醉倒了。记儿取走势剑金牌，并用衙内送他的曲词跟公文调包，搭上来时的小船翩然离开。

有趣的是李稍、张千、衙内醒来后，发现一干物件都被张二嫂取走，不免跳脚，三人合唱【马鞍儿】单曲。元杂剧是一人主唱，南戏则剧中每个人都可以唱，现在竟然三人合唱，衙内忽然跳到戏外，对观众说"这厮每扮南戏那"，想必会引起一场大笑。戏中角色跳到戏外，向观众发言，并评论正在进行的演出，这原是剧场常出现的状况，在此也可以知道，关汉卿不只在书房写作，更是经常出入剧场的剧人。

五、《邓夫人苦痛哭存孝》

第三折

（刘夫人上，云）描鸾刺绣不曾习，劣马弯弓敢战敌。围场队里能射虎，临军对阵兵机识。老身刘夫人是也。昨日引将存孝孩儿来阿妈行[1]欲待说也，不想亚子[2]在围场中落马，

1　阿妈：女真族称父亲为阿妈，又作阿马。阿妈行，是指阿妈跟前。

2　亚子：李克用亲生儿子李存勖，小名亚子。

我亲到围场中看孩儿，原来不曾落马，都是李存信、康君立的智量[1]。未知存孝孩儿怎生，使一个小番探听去了，这早晚敢待来也。

（正旦扮莽古歹[2]上，云）自家莽古歹便是。奉阿者[3]的言语，着吾打探存孝去；不想阿妈醉了，信着康君立、李存信的言语，将存孝五裂[4]了。不敢久停久住，回阿者的话走一遭去也。（唱）

【中吕】【粉蝶儿】颇奈这两个奸邪，看承[5]做当职忠烈，想俺那无正事好酒的爹爹！他两个似虺蛇[6]，如蝮蝎，心肠乖劣。我呸呸的走似风车，不付能盼到宅舍。

【醉春风】一托气[7]走将来，两只脚不暂歇；从头一一对阿者，我这里便说、说。是做的[8]泼水难收，至死也无对，今日个一桩也不借[9]。

（刘夫人云）阿的[10]好小番也！暖帽貂裘最堪宜，小番平步

1　智量：智谋、诡计。
2　莽古歹：小番，汉语为小校。
3　阿者：女真族称母亲为阿者。
4　五裂：五车分尸。
5　看承：看待。
6　虺蛇：蝮蛇，一种剧毒的蛇。
7　一托气：一口气。
8　是做的：宋元俗语，已经做成。
9　不借：不顾惜，顾不得。
10　阿的：这个，也写成兀的、兀底。

走如飞。吾儿存孝分诉罢，尽在来人是与非。你见了存孝，他阿妈醉了，康君立、李存信说什么来？喘息定，慢慢的说一遍。（正旦唱）

【上小楼】则俺那阿妈醉也，心中乖劣；他两个巧语花言，鼓脑争头[1]，损坏英杰。他两个厮间别[2]，犯口舌[3]，不教分说；他两个旁边相倚强作孽。

（刘夫人云）小番，他阿妈说甚么来？存孝说甚么来？李阿妈醺醺酒醉，李存孝忠心仁义。子父每两意相投，犯唇舌存信、君立。他阿妈与存孝谁的是，谁的不是，再说一遍咱。（正旦唱）

【上小楼】做儿的会做儿，做爷的会做爷，子父每无一个差迟[4]，生各札[5]的义断恩绝！阿妈那里紧当[6]者，紧拦者，不着疼热。他道是：你这姓安的怎做李家枝叶！

（刘夫人云）小番，阿妈那里有两逆贼么？
（莽古歹云）是哪两个？

1　鼓脑争头：钻头探脑，行为鬼祟。
2　间别：挑拨离间。
3　犯口舌：多嘴，挑起语言纠纷。
4　差迟：错误。
5　生各札：活生生的。
6　当：挡。

（刘夫人云）一个是康君立，双尾蝎侵入骨髓；一个是李存信，两头蛇谗言佞语。他则要损忠良英雄虎将，他全无那安邦计赤心报国。那两个怎生支吾来？

（莽古歹云）阿者，听你孩儿从头至尾说与阿者，则是休烦恼也！（唱）

【十二月】则您那康君立哏绝[1]，则您那李存信似蝎蜇[2]；可端的凭着他劣缺[3]，端的是今古皆绝。枉了他那眠霜卧雪，阿妈他水性随邪[4]。

（刘夫人云）俺想存孝孩儿，华严川舍命，大破黄巢定边疆；他是那擎天白玉柱，端的是驾海紫金梁。他两个无徒[5]，怎生害存孝来？（正旦唱）

【尧民歌】他把一条紫金梁生砍做两三截，阿者休波，是他便那里每分说！想着十八骑长安城内逞豪杰，今日个则落的足律律[6]的旋风蹀，我可便伤也波嗟。将存孝见时节，阿者，则除是水底下捞明月！

1　哏绝："哏"同"狠"，指狠毒到极点。
2　蝎蜇：被蝎子蜇了。有毒的虫子将毒针刺进人或动物的身体，叫作蜇。
3　劣缺：乖戾，恶劣。
4　水性随邪：个性像水一样不稳定，随着谗言改变。
5　无徒：无赖之徒。
6　足律律：形容急速的样子。

（刘夫人云）小番，你要说来又不说，可是为甚么来？

（莽古歹云）李存信、康君立的言语，将存孝五车裂死了也！

（刘夫人云）苦死的儿也！

（莽古歹云）他临死时，将存孝棍棒临身，毁骂了千言万语，眼见的命掩黄泉。

（刘夫人云）存孝儿衔冤负屈，孩儿怎生死了来？（正旦唱）

【耍孩儿】则听的喝一声马下如雷烈，恰便似鹘打寒鸠哽绝。那两个快走向前来，那存孝待分说怎的分说？一个指着嘴缝连骂到有三十句，一个扶着软肋里扑扑扑的撞到五六靴。委实的难割舍，将存孝五车争¹坏，霎时间七段八节。

（刘夫人云）想必那厮取存孝有罪招状，责口词²无冤文书，知赚的推在法场，暗送了七尺身躯。（正旦唱）

【三煞】又不曾取罪名，又不曾点纸节³；可是他前推后拥强牵拽。军兵铁桶周围闹，棍棒麻林前后遮，扑碌碌⁴推到法

1　争：环裂之刑。

2　责口词：问口供。

3　点纸节：在供状上勾点、签字。

4　扑碌碌：形容众人错杂脚步声。

场也。称了那两个贼汉的心愿，屈杀了一个英杰！

（刘夫人云）想当日俺那存孝孩儿多有功劳：活挟了孟截海，杀了邓天王，枪搠杀张归霸，十八骑入长安，挝打杀耿彪，火烧了永丰仓，有九牛之力，打虎之威。怎生死了我那孩儿来！

（莽古歹云）存孝道：（唱）

【二煞】我也曾把一个邓天王来旗下斩，我也曾把孟截海马上挟，我也曾将大虫打的流鲜血，我也曾双挝打杀千员将。今日九牛力，挡不的五辆车五下里把身躯拽。将军死的苦痛，见了的那一个不伤嗟！

（刘夫人云）五辆车，五五二十五头牛，一齐的拽，存孝怎生者？（正旦唱）

【尾声】打的那头口[1]门惊惊跳跳；叫道是打打俫俫[2]。则见那忽剌鞭[3]飕飕的摔动一齐拽，将您那打虎的将军命送了也！
（下）

（刘夫人云）李克用，你信着这两个贼子的言语，将俺存

1　头口：牲口。
2　打打俫俫：形容少数民族吆喝牲口的声音。
3　忽剌鞭：鞭子的名称。

孝孩儿屈死了。李克用，你好哏也！五辆车五下齐拽，铁石人
嚎啕痛哭。将身躯骨肉分开，血染赤黄沙地土。再不能子母
团圆，越思量越添凄楚。刘夫人苦痛哀哉，李存孝身归地府。
（做哭科，云）哎哟，存孝孩儿也，则被你痛杀我也！（下）

【赏析】

李克用广收义子，共十三人，皆封太保，号称十三太保，
其中本名安敬思的李存孝最为勇武，功劳也最大，后被李克用
车裂而死。民间悯其英雄豪杰，未克善终，编出许多故事传
唱，本剧即是其中之一。

剧中讲李克用率领沙陀兵镇压黄巢，被封为晋王后，好酒
贪杯，听信谗言。李存信、康君立两名义子，妒忌存孝勋业，
先夺了存孝潞州封地，又想害死存孝。两人到存孝驻地邢州，
说克用叫存孝重认旧名，然后向克用诬称存孝即将造反。克用
妻子刘夫人不信，亲到邢州，查知乃存信、君立计谋，于是带
存孝回克用处，拟说明真相。存信、君立谎称夫人亲子亚子受
伤，刘夫人匆匆赶往探视，存信、君立趁机假传克用之命，将
存孝五裂身亡。

本折是由莽古歹向刘夫人说明李存孝被杀的经过。此时戏
剧动作停止，而是把之前发生的事，重讲一遍，采用的是接近
说唱的方式，夫人问，莽古歹唱做俱佳地诉说过程。莽古歹以
生动活泼且饱含情感的话语，描绘李存孝一生功业，及如何含
冤受屈、如何不经审判便正典刑，同时并严厉的指斥存信与君
立的奸猾暴戾。刻意选此折，除了因为此折保存说唱遗迹，更

因为关汉卿以灏烂豪辣之笔来歌颂李存孝这位一代英杰，汉卿之笔与存孝之为人，俱是英雄事业。

六、《关大王独赴单刀会》

第四折

（鲁肃上，云）欢来不似今朝，喜来那逢今日？小官鲁子敬是也。我使黄文持书去请关公，欣喜许今日赴会，荆襄地合归还俺江东。英雄甲士已暗藏壁衣[1]之后，令人江上相候，见船到便来报我知道。

（正末关公引周仓上，云）周仓，将到哪里也？

（周云）来到大江中流也。

（正末云）看了这大江，是一派好水呵！（唱）

【双调】【新水令】大江东去浪千叠，引着这数十人驾着这小舟一叶。又不比九重龙凤阙[2]，可正是千丈虎狼穴[3]。大丈夫心别，我觑这单刀会似赛村社[4]。

（云）好一派江景也呵！（唱）

1　壁衣：挂在墙上的帐幔。
2　九重龙凤阙：皇帝所住的华丽宫殿。
3　千丈虎狼穴：形容极端危险的地方。
4　赛村社：农村社日的迎神赛会。

【驻马听】水涌山叠，年少周郎何处也？不觉的灰飞烟灭，可怜黄盖转伤嗟。破曹的樯橹一时绝，鏖兵的江水由[1]然热，好教我情惨切！（带云）这也不是江水，（唱）二十年流不尽的英雄血！

（云）却早来到也，报复去。

（年报科）

（做相见科）

（鲁云）江下小会，酒非洞里之长春[2]，乐乃尘中之菲艺[3]，猥劳君侯屈高就下，降尊临卑，实乃鲁肃之万幸也！

（正末云）量某有何德能，着大夫置酒张筵？既请必至。

（鲁云）黄文，将酒来。二公子满饮一杯。

（正末云）大夫饮此杯。（把盏科）

（正末云）想古今咱这人过日月好疾也呵！

（鲁云）过日月是好疾也。光阴似骏马加鞭，浮世似落花流水。（正末唱）

【胡十八】想古今立勋业，那里也舜五人[4]、汉三杰？两朝相隔数年别，不付能[5]见者，却又早老也。开怀的饮数杯，

1　由：同犹，还是。
2　长春：仙人所酿的美酒。
3　菲艺：粗浅的才艺。
4　舜五人：舜手下的五个贤臣，禹、弃、契、皋陶、垂。
5　不付能：不甫能，好不容易。

（云）将酒来。（唱）尽心儿待醉一夜。（把盏科）

（正末云）你知以德报德，以直报怨么？

（鲁云）既然将军言以德报德，以直报怨，借物不还者谓之怨。想君侯文武全材，通练兵书，习《春秋》《左传》，济拔颠危，匡扶社稷，可不谓之仁乎？待玄德如骨肉，觑曹操若仇雠，可不谓之义乎？辞曹归汉，弃印封金[1]，可不谓之礼乎？坐服于禁[2]，水淹七军，可不谓之智乎？且将军仁义礼智俱足，惜乎止少个信字，欠缺未完。再若得全个信字，无出君侯之右也。

（正末云）我怎生失信？

（鲁云）非将军失信，皆因令兄玄德公失信。

（正末云）我哥哥怎生失信来？

（鲁云）想昔日玄德公败于当阳之上，身无所归，因鲁肃之故，屯军三江夏口。鲁肃又与孔明同见我主公，即日兴师拜将，破曹兵于赤壁之间。江东所费巨万，又折了首将黄盖。因将军贤昆玉[3]无尺寸地，暂借荆州以为养军之资；数年不还。今日鲁肃低情曲意，暂取荆州，以为救民之急；待仓廪丰盈，然后再献与将军掌领。鲁肃不敢自专、君侯台鉴[4]不错。

（正末云）你请我吃筵席来那，是索荆州来？

1　弃印封金：关羽兵败徐州，和兄弟失散，暂时投靠曹操。曹操赠给他许多金银，并封他"汉寿亭侯"。后来关羽得知刘备在袁绍处，将金银和印信留下，投奔刘备。

2　于禁：曹操部将，统率水军。

3　昆玉：对别人兄弟的尊称。

4　台鉴：台，大，对他人的尊称。鉴，观察。

（鲁云）没、没、没，我则这般道。孙、刘结亲，以为唇齿，两国正好和谐。（正末唱）

【庆东原】你把我真心儿待，将筵宴设，你这般攀今览古，分甚枝叶？我根前使不着你之乎者也、诗云子曰[1]，早该豁口截舌！有意说孙、刘，你休目下番成吴、越[2]！

（鲁云）将军原来傲物轻信！

（正末云）我怎傲物轻信？

（鲁云）当日孔明亲言：破曹之后，荆州即还江东。鲁肃亲为代保。不思旧日之恩，今日恩变为仇，犹自说以德报德，以直报怨！圣人道："信近于义，言可复[3]也。""去食去兵，不可去信。""大车无辀，小车无轨，其何以行之哉？"[4]今将军全无仁义之心，枉作英雄之辈。荆州久借不还，却不道"人无信不立"！

（正末云）鲁子敬，你听的这剑界[5]么？

（鲁云）剑界怎么？

（正末云）我这剑界，头一遭诛了文丑，第二遭斩了蔡阳，鲁肃呵，莫不第三遭到你也？

1　之乎者也，诗云子曰：指咬文嚼字掉书袋。
2　吴、越：春秋战国之际，吴越两国纷争不已，指敌对的国家。
3　复：实践。信近于义两句，出《论语·学而》。
4　大车无辀三句：出《论语·为政》，指人没有信用是行不通的。
5　剑界：宝剑发出的响声。

（鲁云）没、没，我则这般道来。

（正末云）这荆州是谁的？

（鲁云）这荆州是俺的。

（正末云）你不知，听我说。（唱）

【沉醉东风】想着俺汉高皇图王霸业，汉光武秉正除邪，汉王允将董卓诛，汉皇叔把温侯灭，俺哥哥合情受汉家基业。则你这东吴国的孙权，和俺刘家却是甚枝叶[1]？请你个不克己[2]先生自说！

（鲁云）那里甚么响？

（正末云）这剑界二次也。

（鲁云）却怎么说？

（正末云）这剑按天地之灵，金火之精，阴阳之气，日月之形；藏之则鬼神遁迹，出之则魑魅[3]潜踪；喜则恋鞘沉沉而不动，怒则跃匣铮铮而有声。今朝席上，倘有争锋，恐君不信，拔剑施呈。吾当摄剑[4]，鲁肃休惊。这剑果有神威不可当，庙堂之器岂寻常。今朝索取荆州事，一剑先交[5]鲁肃亡。（唱）

1　枝叶：旁枝远族。
2　不克己：不能克服自己的偏见。
3　魑魅：山林里害人的精怪。
4　摄剑：持剑。
5　交：教。

【雁儿落】则为你三寸不烂舌，恼犯我三尺无情铁。这剑饥餐上将头，渴饮仇人血。

【得胜令】则是条龙向鞘中蛰[1]，虎在坐间趄[2]。今日故友每才相见，休着俺弟兄每相间别[3]。鲁子敬听者，你内心休乔怯[4]，畅好是随邪[5]，吾当酒醉也。

（鲁云）臧宫动乐。

（臧宫上，云）天有五星，地攒五岳。人有五德，乐按五音。五星者：金、木、水、火、土。五岳者；常、恒、泰、华、嵩。五德者：温、良、恭、俭、让。五音者：宫、商、角、徵、羽。（甲士拥上科）

（鲁云）埋伏了者。

（正末击案，怒云）有埋伏也无埋伏？

（鲁云）并无埋伏。

（正末云）若有埋伏，一剑挥之两段！（做击案科）

（鲁云）你击碎菱花[6]。

（正末云）我特来破镜[7]！（唱）

1　蛰：隐伏。

2　趄：藏匿。

3　间别：分离、隔绝。

4　乔怯：又刁滑又胆怯。

5　随邪：无情寡义。

6　菱花：原是铜镜的图饰，引申为"镜"。

7　破镜：鲁肃字子敬，在此借着"镜、敬"同音，来恐吓鲁肃。

【搅筝琶】却怎生闹炒炒军兵列，休把我当[1]拦着。（云）当着我的，呵呵！（唱）我着他剑下身亡，目前流血！便有那张仪口，蒯通舌[2]，休那里躲闪藏遮。好生的送我到船上者，我和你慢慢的相别。

（鲁云）你去了倒是一场伶俐[3]。

（黄文云）将军，有埋伏哩。

（鲁云）迟了我的也。

（关平领众将上，云）请父亲上船，孩儿每来迎接哩。

（正末云）鲁肃，休惜殿后[4]。（唱）

【离亭宴带歇指煞】我则见紫袍银带公人[5]列，晚天凉风冷芦花谢，我心中喜悦。昏惨惨晚霞收，冷飕飕江风起，急飚飚[6]帆招惹。承管待[7]、承管待，多承谢、多承谢。唤艄公[8]慢者，缆解开岸边龙，船分开波中浪，棹搅碎江心月。正欢娱有甚进退，且谈笑不分明夜。说与你两件事先生记者：百忙里称不了

1　当：挡。

2　张仪口，蒯通舌：张仪、蒯通，都是古时有名的辩士说客。

3　伶俐：这里是干净的意思。

4　殿后：跟在后面。

5　公人：这里专指官员。

6　急飚飚：顺风疾行的样子。

7　管待：招待、款待。

8　艄公：船夫。

老兄心，急切里倒不了俺汉家节。（下）

【赏析】

元杂剧四折通常依起承转结的形态进行，高潮多在第三折，第四折往往是收拾情节，结束全局，甚至偶有强弩之末的状况出现。本剧则别开生面，将全剧重点放在第四折。第一、二折，由正末分别扮演乔公和司马徽，以烘云托月的手法，叙述了关羽的武勇。第三、四折正末改扮关羽，第三折是黄文送信，关羽答应赴会，第四折才是单刀赴会。全折排场一开始是关羽渡江，欣赏江上风景，接着一转，来到酒宴场景，最后是鲁肃亲送关羽上船离开。

关羽出发之前，已知会无好会，宴无好宴，而鲁肃也确实将军卒甲士埋伏在帐幔之后，等待关羽来自投罗网。关羽上场，来到大江中流，唱【新水令】【驻马听】两支曲牌，好整以暇地欣赏江景，关汉卿所用的手法，正如以"梨花院落溶溶月，柳絮池塘淡淡风"来写富贵人家，而不是以堆金砌玉的华丽文句来形容；关羽不须横眉怒目，只要神情悠闲地借景抒怀，就已显现了他的临危不乱，将宴会可能发生的纷扰与危险，都视作迎神赛会的热闹喧嚣罢了。"大江东去浪千叠"，时光滚滚而去，翻起的浪花中，英雄一一灰飞烟灭，【驻马听】一曲最是飒爽清刚，在感慨"这不是江水，二十年流不尽的英雄血"之际，也激起他万丈豪情。

宴席中，鲁肃果然提起荆州，先备极恭维，然后说关羽所欠唯一"信"字，咬文嚼字、引经据典地索讨荆州。这时关羽宝剑声响，关羽一面恐吓鲁肃，这剑曾响动两次，于是诛了文丑、杀了蔡阳，今天第三次响，也许要应在鲁肃身上；一面又跳过蜀汉借荆州之事，正本溯源地指出荆州本是汉家基业，刘备承汉祚，自当拥有，与东吴毫不相干，强词夺理却铿锵有力。

这时关羽所唱【沉醉东风】连用汉高皇、汉光武、汉献帝、汉皇叔、汉家基业，五个"汉"字，是元人喜用的"嵌字体"，同时刻意强调刘备列身刘汉的谱系，坐实蜀汉拥有荆州的合法性。至于有些研究者据此表示关汉卿宣示汉家立场，对抗蒙元，是否如此，则不可知。关汉卿世代生长于北方，在金元，即女真与蒙古的统治下成长、生活，和偏居南方的南宋移民并不相同，是否有这么强烈的汉遗民意识，实难揣度。如果关汉卿有遗民意识，他所眷眷于怀的故国，也应该是金朝。不过不论曲文是否有言外之意，这支曲牌的确造语新颖有力，与全剧末句"倒不了俺汉家节"相互呼应。

酒宴中，关羽反客为主，不是鲁肃威胁他，而是他威胁鲁肃，甚至击案说"特来破镜"，借"镜、敬"同音，惊吓表字子敬的鲁肃。鲁肃送他离开后，还庆幸地说，关羽走了，倒是一场干净呢。本折以景起，以景结，关羽形象素来冷凝严肃，下场前所唱【离亭宴带歇指煞】语"晚天凉风冷芦花谢"，难得的意态潇洒。本折以昆曲化的北曲《刀会》传唱至今，并成为仪式剧的演出剧目，良有以也。

经典
关汉卿
戏曲

肆

延伸阅读书目

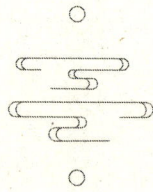

徐子方：《关汉卿研究》，（台北）文津出版社 1994 年版。

张晓风：《看古人扮戏：戏曲故事》，（台北）时报出版公司 1981 年版。

曾永义：《蒙元的新诗：元代散曲》，（台北）时报出版公司 1981 年版。

隋树森：《全元散曲》，（台北）中华书局 1969 年版。

刘翔飞、陈芳英：《小桥流水：元曲》，（台北）时报出版公司 1992 年版。

关汉卿著，吴国钦校注：《关汉卿戏曲集》，（台北）里仁书局 1998 年版。

Polo Marco（马可·波罗）著，Charignon, A.J.H.（沙海昂）注，冯承钧译：《马可·波罗行纪》，（台北）商务印书馆 2000 年版。